A RENDEZVOUS WITH ICE AND SNOW

冬奥梦想

THINGS YOU NEED TO KNOW ABOUT WINTER SPORTS

A RENDEZVOUS WITH ICE AND SNOW

冬季运动知识读本

杨澜　宋宇 主编

中国文联出版社
http://www.clapnet.cn

2015年，梦想的阳光照进现实，再次点燃了中国人的奥运热情。

国家主席习近平在2016年《新年贺词》中，谈到2015年全国最给力的几件喜事，其中之一是北京携手张家口申办2022年冬奥会获得成功。

2015年12月31日，央视的年度十大体育新闻评选，毋庸置疑排在首位的还是北京申办2022年冬奥会获得成功。

有幸作为这一历史事件的亲历者和参与者，此时此刻的自豪感自不待言！作为一个从业二十多年的媒体人，能有幸三次与北京申办奥运结缘，此乃我人生的机缘！

1993年9月23日，作为央视的记者、主持人，有幸参与了在摩纳哥蒙特卡洛举行的国际奥委会第101次全会，目睹了北京第一次冲击奥运会举办权的希望与哀伤。虽然北京最终以两票之差与2000年第27届奥运会擦肩而过，但却为后来的申办成功奠定了不可或缺的基础。就我个人而言，也积累了一段宝贵的人生经历。

2001年7月13日，作为北京申奥代表团的9位陈述人之一，在莫斯科世纪剧院，面对国际奥委会的106位委员，我用自己的真情实感，给他们讲述中国和北京的巨大变化；讲述意大利威尼斯旅行家马可·波罗七百多年前描写的东方故事；更向委员们展现了7年后将付诸实施的奥运火炬翻越珠穆朗玛峰的神奇景象。

2015年7月31日，作为北京申冬奥代表团的陈述人，我又一次站在国际奥委会89位委员面前，向他们描绘中国广泛的民众支持，雄厚的经济实力，亿万青少年对冰雪运动的热爱和中国体育市场的巨大潜力。让他们相信，7年后的北京，将和7年前那场无与伦比的奥运会一样，向世人奉献一届精彩、非凡、卓越的冬奥会和冬残奥会。

在吉隆坡国际奥委会第128次全会期间，我还有幸与体育界的杰出代表姚明、杨扬、李妮娜以及冰球少年宋安东并肩战斗。尤其给我印象深刻的是刚满18周岁的冰球小将宋安东，他是一个土生土长的北京男孩儿，一个痴迷的冰球爱好者。他9岁到美国学习打冰球，和更多来自中国的青少年一样，宋安东刻苦勤奋，又有悟性，在冰球技艺和文化学习方面突飞猛进。终于在2015年6月27日北美冰球职业联盟（NHL）选秀中，成为第一个入选的中国运动员。

巴赫主席宣布北京赢得2022年第24届冬季奥运会的举办权，引发大江南北、长城内外的欢乐场面，仿佛就在昨天。喜悦之余我们也思考着未来的使命。让更多青少年参与冰雪运动是我们做出的承诺。与此同时，曾全程指导北京2008年奥运会的罗格主席，在近期向北京的建言中，也提出一定要让更多人参与冰雪运动，尤其是让年轻人热爱冰雪运动。

申办冬奥会成功后，北京冬奥申委的同事们创作了这样一副对联：

天时地利人和，廿月辛劳，创冬夏同城，赖以四票险胜；

建馆修路富民，七年筹备，虽京张联手，亦须万里长征。

这副对联概括了近两年的申办历程，既感叹胜利来之不易，更道出未来筹办工作面临的诸多挑战与艰辛历程。

每念及此，深感重任在肩，我和我的小伙伴们想一起为青少年做点事情。基于这样的诉求，大家一齐动手，编写了这本《冬奥梦·冰雪情——冬季运动知识读本》，奉献给热爱冰雪运动的朋友们。

我们真诚地希望，更多的冰雪爱好者和青少年，能够通过浏览这本书而分享奥运知识、领悟奥运真谛，从心底里热爱、从行动上实践冰雪运动。这才是冬奥会带给我们的最珍贵的财富。

再次表达我们对北京2022年冬奥会的美好祝福。

是为序。

2016年2月4日

目录

上篇·百年冬奥之路

01

01 奥林匹克从远古走来

奥林匹克代表美与崇高。

——皮埃尔·德·顾拜旦

跨越千年的传承与超越

——古代奥运会与现代奥运会

一提起奥运会，人们会自然而然地联想起一幅幅活力四射的图景：圣火熊熊燃烧，五环旗迎风招展，和平鸽腾空而起，健儿们龙腾虎跃，喝彩声排山倒海……奥运会是奥林匹克运动会的简称，起源于古希腊，因举办地在宗教祭祀圣地奥林匹亚而得名。作为人类社会发展史上的一串璀璨明珠，奥运会自远古走到今天跨越了千年历史，始终给人们以生生不息的力量。

古代奥运会起源的三个传说

位于欧洲南部的古希腊是一个神话王国，这里流传下来的许多神话故事和英雄传说，为我们了解奥运会的起源提供了线索。

传说之一：宙斯的父亲克洛诺斯想把王位传给宙斯，为考验儿子的能力，决定与宙斯进行摔跤比赛。结果克洛诺斯败在儿子手下，宙斯接过众神之王的王冠后，在奥林匹亚举行了盛大的庆典活动，这就是最初的奥运会。

传说之二与宙斯的儿子赫拉克勒斯有关：他在伊利斯城邦与国王打赌，如果能在一天之内把国王3000头牛的牛圈打扫干净，国王将把牛群的十分之一送给他。不曾想他挖了一条沟，引来阿尔菲斯河水，不到半天工夫便把牛圈冲洗得干干净净，完成了常人无法完成的任务。但是伊利斯国王不但不愿履行赠送300头牛的许诺，还想杀了他。赫拉克勒斯在宙斯的帮助下杀死了国王，并在奥林匹亚举行竞技比赛来庆贺胜利，报答宙斯。

传说之三流传最广：比萨城邦的国王有个美若天仙的公主希波达米亚，慕名而来的求婚者络绎不绝。国王听预言家说他将死于女婿之手，于是让求婚者必须和他进行战车比赛。结果有13个青年因赛车失败丧生于国王的长矛

赫拉神庙是奥林匹亚
遗址中现存最古老的
建筑，这里是奥运会
圣火点燃的地方

之下，而第14个青年正是公主的心上人、宙斯的孙子珀罗普斯。
最终，在海神波塞冬的帮助下，珀罗普斯战胜了国王，迎娶了
公主，继承了王位，并在奥林匹亚的宙斯神庙前举行了盛大的
庆典。

尽管这些神话传说内容各异，但有一点是共同的，那就是
奥运会的起源与祀神有关。每逢重大祭祀，古希腊人就举行盛
大集会，用唱歌、跳舞、体育竞技等方式表达对诸神的敬意。
当时，有献给海神波塞冬的伊斯特摩斯运动会，有献给太阳神
阿波罗的皮托运动会，有献给智慧女神雅典娜的泛雅典运动会，
等等。其中，以献给众神之王宙斯的奥林匹克运动会最为隆重，
堪称古希腊第一盛会。

放下武器去比赛

实际上，古代奥运会的产生与古希腊当时的社会状况密切相关。公元前8世纪到公元前7世纪，古希腊相继建立了二百多个城邦。所谓城邦，就是以城市为中心，连同郊区组成的小国家，领土和人口十分有限，相互之间经常兵戎相见。为了在战争中立于不败之地，各城邦都积极训练强壮的士兵，因此各种竞技活动风行一时，出现了奥运会和其他一些节日庆典中的竞技比赛。

有文字记载的奥运会最早始于公元前776年，略早于我国的春秋时期。当时，古希腊各城邦之间连年不断的战事让人不胜其烦，人们渴望获得休养生息的和平环境。于是，伊利斯、斯巴达、比萨三个城邦的国王约定，恢复在奥林匹亚举行的宗教祭祀庆典，每4年举行一次，并同意在庆典期间停止战争行动，这就是著名的"奥林匹克神圣休战"。休战期限最初为1个月，后因地中海沿岸的希腊殖民城邦也参加奥运会，便延长到3个月。休战期间，通往奥林匹亚的道路畅通无阻，凡是参加奥运会的人都会受到保护。这样就使古代奥运会摆脱了战争的干扰，成为追求和平与友谊的盛会。

战争的驱动因素使古代奥运会的比赛项目带有明显的军事烙印。前13届奥运会只设短跑项目，每届赛期1天。后来陆续增设了中长跑、摔跤、五项全能（短跑、跳远、铁饼、标枪、摔跤）、拳击、战车、赛马、混斗、武装赛跑、少年比赛等项目。从第22届开始，赛期延长到5天，在竞技比赛之外，还举行各种祭祀活动和艺术比赛，其盛况大大超出了体育比赛的范畴。

古代奥运会比赛异常激烈，参赛者都是体能出众、身材健美的精英人物，他们为了各自城邦和家族的荣誉而在竞技场上斗智斗勇。运动员的遴选十分严格，要求必须是纯希腊血统的男性，具有良好的品行，未受过罚或判过刑。奴隶、女性及外来居民则被排除在外。运动员经过艰苦的训练和严格的选拔，

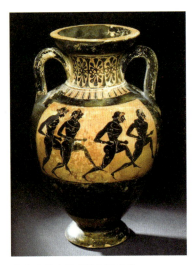

古代陶器上的奥运会运动员

一旦被选中，便不许退赛，违反者不仅被罚以重金，还会遭人唾弃。

"裸体竞技"是古代奥运会的一大特色。训练和比赛时，运动员均赤身裸体，用橄榄油涂遍全身，在阳光下熠熠生辉。据说，最初选手们都是身披兽皮进行比赛，但在一次比赛中，一名选手身上的兽皮不慎脱落了，他仍然沉稳应战，击败了对手，赢得了比赛。这次意外让人们发现，裸体更能展现运动健儿的力与美，于是自第15届古代奥运会以后一律赤身比赛。

当时，奥运会各项比赛的优胜者均被视为英雄，备受人们的尊敬与爱戴。在第6届以前，对冠军的奖励是一只羊。从第7届开始，授予冠军橄榄枝编成的头冠。古希腊人认为橄榄树是神的赐予，因而橄榄冠是最神圣的奖品。谁获得它，谁就获得了最高荣誉。

公元前6世纪到公元前5世纪，古希腊城邦进入鼎盛时期，古代奥运会也达到了辉煌的顶点。公元前4世纪，希腊遭到马其顿入侵，奥运会走向衰落。公元前146年，罗马人征服了希腊，将其变为一个行省。罗马统治者随心所欲地操纵运动会，使奥运会变成了赌博、欺诈、交易的腐败场所，古代奥运会的精神和宗旨丧失殆尽。公元392年，基督教被立为罗马帝国的国教。由于奥运会所代表的异教性质与基督教教义格格不入，次年，罗马皇帝狄奥多西斯一世宣布废止奥运会。燃烧了千年之久的奥运圣火从此熄灭于漫漫的历史黑夜之中。

现代奥运会在废墟中重生

古代奥运会给人类社会留下了宝贵的财富。它所创立的体育赛会模式，4年一度的赛事周期，千年不断的竞技传统，以及追求和平友谊的理想和精神，对现代体育产生了深远的影响，并成为奥林匹克运动复兴的重要驱动因素。

早在文艺复兴时期，欧洲就有人对复兴奥运会表现出极大的热情，并付诸实践。19世纪以后，发掘奥林匹亚遗址的热潮席卷欧洲和北美，瑞典、英国、加拿大及希腊等国都有人尝试恢复奥运会，但都没能成功。真正使复兴奥运会从梦想变为现实的，是法国人皮埃尔·德·顾拜旦。

顾拜旦1863年出生在法国巴黎一个古老的贵族家庭。他喜欢体育，年轻时曾前往英国学习当时先进的教育制度和体育形式。对希腊文明的向往，使他对奥运会产生了特殊的兴趣。1892年，在庆祝法国田径运动联合会成立5周年的聚会上，顾拜旦发表了后来被称为"奥林匹克宣言"的演讲，提出了复兴奥运会的主张。

在他的不懈推动下，"恢复奥林匹克运动会代

皮埃尔·德·顾拜旦（1863—1937），法国巴黎人，现代奥林匹克运动创始人，1896年至1925年任国际奥委会主席

1896年第1届奥运会田径比赛

表大会"于1894年6月16日在巴黎举行。来自9个国家37个体育组织的78名代表参会，通过了顾拜旦关于恢复古代奥运会的提议。6月23日，奥运会的永久性领导机构——国际奥林匹克委员会宣告成立，59岁的希腊诗人泽·维凯拉斯当选首任主席，顾拜旦任秘书长。会议还决定两年后在奥林匹克的故乡希腊雅典举办第1届现代奥运会。

当维凯拉斯把举办奥运会的喜讯带回希腊时，国内民众欢欣鼓舞，可是首相特里库皮斯却泼了冷水——他声明，因经济萧条、预算困难，希腊无力承办这届奥运会。

　　得知这一消息，顾拜旦心急如焚，立即放下自己的婚事，奔赴雅典。当他看到古运动场遗址残垣断壁、满目荒凉的景象时，的确感到了筹备奥运会的艰难。但顾拜旦并未心灰意冷，他在首相那里碰了钉子后，转而慷慨激昂地说服了年轻有为的希腊王储君士坦丁，进而获得了国王的支持。

　　特里库皮斯只好辞去首相职位。奥运会筹办工作在王储领导下有序展开，希腊全国掀起募捐活动。其中，希腊富商乔治·阿维罗夫捐款100万德拉克马，在古运动场的废墟上重建了大理石体育场及其他设施。

　　1896年4月6日，几经挫折的第1届现代奥运会如期开幕。来自14个国家的241名选手角逐田径、游泳、举重、射击、自行车、古典式摔跤、体操、击剑、网球9大项目的121枚奖牌。

　　选手们以个人身份报名参赛，有些参赛者还是碰巧在此旅行的游客。本届奥运会历时10天，尽管设施简陋、组织松散、规则模糊，但它在时隔1500年后，拉开了现代奥运会的光荣序幕，使奥林匹克运动的思想体系重新找到了适合自己的实践形式。

　　顾拜旦获得了后世极大的崇敬，被尊为"现代奥林匹克之父"。他逝世后，人们把他的遗体安葬在国际奥委会总部所在地瑞士洛桑，心脏埋在希腊奥林匹亚，并在雅典的大竞技场中为他保留了一个永远空着的座位。后来，

顾拜旦与现代奥林匹克
运动的先驱们

> 必须让奥运会现代化，而不要进行笨拙、简单的模仿和复原。
>
> ——顾拜旦

奥运圣火在奥林匹亚采集后，火炬手都要围绕埋有顾拜旦心脏的纪念碑跑一圈，向这位伟大的先行者致敬。

促进人的和谐发展
——奥林匹克运动的思想体系

现代奥运会源于传统，又富于创新。它致力于古代奥运会的复兴，而不是简单的复原。它不仅仅沿用了"奥林匹克运动会"的名称，遵循了"奥林匹亚德"每4年一个周期的传统，继承和发展了点燃圣火、宣誓、颁奖等具有神圣感的仪式，

2014年索契冬奥会越野滑雪比赛

吸收和发扬了公平竞争、奋勇拼搏、和谐发展等优秀传统思想。它还超越了宗教色彩，融入了现代体育，并以增进友谊、促进和平为使命，向一切国家、民族、人群张开了热情的臂膀。

想当年，当顾拜旦等人决定复兴奥运会时，这一壮举曾一度成为人们嘲讽的对象。而在历经百余年后的今天，奥运会已成为普天同庆的节日，引起了最为广泛的关注。究其原因，就在于它在发展过程中形成了以奥林匹克主义为核心的思想体系，为奥林匹克运动与时俱进、推陈出新注入源源不断的生命力。

追求和谐发展的奥林匹克主义

"奥林匹克主义"是顾拜旦最先提出并经常使用的概念，但他从来没有直接为这个新创的术语提出明确的界定，以至于人们常常将其与"奥林匹克理想""奥林匹克精神"等混为一谈。

1974年，国际奥委会委员提议给"奥林匹克主义"以明确的定义，并写入《奥林匹克宪章》。经过十多年的讨论，1991年6月16日生效的《奥林匹克宪章》开宗明义写道：

奥林匹克主义是增强身体、意志和精神，并使之全面均衡发展的一种生活哲学。它把体育运动与文化和教育融为一体，谋求创造一种以体验奋斗中的乐趣、发挥优秀榜样的教育价值并推崇基本公德原则为基础的生活方式。

奥林匹克主义确立了奥林匹克运动的最高指导原则。它的中心思想是通过体育运动，使人们养成良好的生活方式，促进人的和谐发展。它不单强调体育强健体魄的生物功能，更重视体育磨炼意志、砥砺精神的社会文化功能。它追求身体、意志、精神均衡发展，主张体育、教育、文化有机融合。它明确奥林匹克运动的宗旨就是：让全世界的运动员在奥运会这一盛大体育节日上相聚一堂，带动人们从运动中体验拼搏的乐趣，感受榜样的力量，最终激

励人们为促进一个维护人的尊严的和平社会而奋斗，为建立一个更加美好的和平世界做贡献。

促进相互理解的奥林匹克精神

什么是奥林匹克精神？人们有不同的理解，有的说"更快、更高、更强"，也有的说"重在参与"。

《奥林匹克宪章》给出的答案是："体育参与属于人权。每个人都应在不受任何歧视，并且符合奥林匹克精神的前提下，享有参与体育的机会。奥林匹克精神要求在友谊、团结和公平竞争的原则下人们能够相互理解。"

首先，奥林匹克精神拒绝歧视。不过令人玩味的是，标榜开放与平等的第1届现代奥运会，参赛者却是清一色的男选手。

顾拜旦曾公开表示："我不赞成女性参加竞赛，她们的作用应当同古代奥运会一样，为优胜者戴上花环。"无奈之下，以爱丽丝·米莉阿特为首的体育活动家们创立了国际妇女运动联合会，并于1922年在巴黎举办了首届妇女运动会，获得了世界的关注。经过越来越多的女性不断争取，直到顾拜旦卸任主席后的1928年奥运会上，人们才看到了女选手在运动场上的多彩风姿。

其次，奥林匹克精神强调团结与友谊、理解与包容。1912年斯德哥尔摩奥运会弥合了奥地利、

1900年巴黎奥运会就有女运动员参加，尽管当时国际奥委会中的绝大多数人反对，但由于这届奥运会是作为巴黎世界博览会的一部分进行的，顾拜旦和国际奥委会难以施加更多影响，东道主法国队冒着遭人批评的风险先派出女运动员参赛，接着英国、美国也纷纷效仿，使女运动员达到了19人。虽然此举未获得国际奥委会正式认可，但却是奥林匹克运动史上具有划时代意义的事件。1928年奥运会是国际奥委会正式承认女运动员参加的第一届奥运会。

奥林匹克休战标志

匈牙利、捷克的矛盾，2000年悉尼奥运会缓解了朝鲜半岛的紧张局势，当朝鲜与韩国的运动员手拉手走进赛场，赢得了全场瞩目与欢呼。

我们看到，在现代奥运史上，奥运会虽然没能阻止战争，甚至自身3次成为战争的牺牲品，但它努力使全世界的运动员相互了解、相互尊重，多次超越国家、地区、民族和种族间的矛盾与差异，为加深国际间的理解、友谊与信任做出了应有的贡献。

奥林匹克运动还崇尚公平竞争，这是古代奥运会留下的优良传统。正是因为建立在公平的基础上，体育比赛才有意义，运动员才能保持团结、增进友谊，奥林匹克运动才能实现它的神圣目标。

"更快、更高、更强"的奥林匹克格言

1908年伦敦奥运会，马拉松比赛正在进行，天气格外闷热。意大利运动员多兰多·皮特瑞跑在最前头，最先接近终点。

由于体力消耗太大，他汗如雨下，左右摇晃，一次又一次摔倒在跑道上。眼看紧随其后的美国运动员约翰尼·海伊斯就要追上来了，观众们的心都悬了起来。突然，在场的一个工作人员冲上前去，搀着皮特瑞冲过了终点。

美国队对此提出了抗议，认为皮特瑞是在别人帮助下完成比赛的，不应当获得金牌。最终，金牌归海伊斯所有，但是皮特瑞的表现还是获得了人们的赞扬，英国女王特别赠予他一只金杯作为纪念。尽管皮特瑞没能获得金牌，但他那种坚韧不拔的精神，以及组委会对规则的尊重，为奥林匹克精神做了最好的注解。

颇具讽刺意味的是，这位被搀扶着冲过终点的英雄，其实赛前喝了一种致人兴奋的酒。而这，可能是现代奥运会上最早的兴奋剂。

奥林匹克运动有一句著名的格言："更快、更高、更强。"它出自顾拜旦

比赛中的多兰多·皮特瑞

的好友、巴黎阿奎埃尔修道院院长亨利·迪东之口。在1895年举行的一次户外运动会上，迪东鼓励学生们说："在这里，你们的口号是：更快、更高、更强！"后来，顾拜旦将这句话用于奥林匹克运动。1920年，国际奥委会确认其为奥林匹克格言，并在安特卫普奥运会上首次使用。

这句格言虽然只有短短6个字，但却具有非常丰富的内涵。它充分表达了奥林匹克运动所倡导的生命不息、奋斗不止的精神，不但在比赛中要不畏强手、敢于超越，而且鼓励人们在生活中也要不甘平庸、拼搏进取。

与此相应，奥林匹克运动中还有一句广为流传的名言："参与比取胜更重要。"这源自1908年伦敦奥运会上美国宾夕法尼亚州大主教埃塞尔伯特・塔尔博特主持宗教仪式时的布道词："奥运会的要义不是取胜，而是参与。"顾拜旦很欣赏这句话，曾在演讲中多次引用，他说："在奥运会上，重要的不是取胜，而是参与。正如在生活中最重要的事情不是胜利，而是奋斗；不是征服，而是顽强拼搏。"这句名言是对奥林匹克格言的补充，一个强调进取，一个强调参与，看似充满矛盾，实际上相辅相成，体现了奥林匹克主义的思辨色彩和奥运会包容发展的生活哲学。

> **奥林匹克格言**
> Citius! Altius! Fortius!

堪比联合国的奥林匹克大家庭
——奥林匹克运动的组织体系

奥林匹克运动的思想体系能够得到贯彻，各种活动能够付诸实施，主要得益于奥林匹克大家庭具有结构完备、功能齐全的组织体系。其庞大的家族已然超过联合国。其中起到支撑作用的是国际奥委会（IOC）、国际单项体育联合会（IFs）及国家和地区奥委会（NOCs），人们称之为"奥林匹克运动三大支柱"。

亨利・迪东

领导核心：国际奥林匹克委员会

1948年，国际奥委会决定，将每年6月23日定为奥林匹克日，鼓励各国举行庆祝活动，以纪念国际奥委会的诞生，传播奥林匹克理想，吸引更多的人参与体育运动。

1894年6月16日在巴黎索邦神学院召开的"恢复奥林匹克运动会代表大会"，对当时的与会者而言，也许只是一次异想天开的"闲聊"会议，但对现代奥林匹克运动而言，却具有"开天辟地"的重大意义。会议开幕一周后，6月23日，国际奥林匹克委员会正式成立了，它由此成为奥林匹克运动永久的领导机构；15名与会代表受聘成为首批国际奥委会委员，他们着手推动了现代奥运会这艘时代巨轮扬帆远航。

坐落于瑞士洛桑的国际奥委会总部

国际奥委会成立之初，总部设在巴黎。一战爆发后，为免遭战火洗劫，1915年4月，坐落于日内瓦湖畔的瑞士小城洛桑成为新的总部驻地。100年来，洛桑见证了国际奥林匹克运动的风云变幻，为其发展做出了不可磨灭的贡献。这里有奥林匹克博物馆，有奥林匹克研究中心，还有以顾拜旦名字命名的大街、体育场……1982年，国际奥委会宣布洛桑为"奥林匹克之城"；11年后，又宣布洛桑为"奥林匹克之都"。

国际奥委会终身名誉主席萨马兰奇

2000年，国际奥委会与瑞士联邦签署协议，其永久性、非政府、非营利国际协会组织的法人地位得到联邦议会的正式承认。

国际奥委会的最高权力机构是全体委员会议（简称"全会"）。一切重大问题的决策权均由全会掌握，全会做出的决定是最终决定。2016年6月有91名委员，均由国际奥委会自行遴选产生。全会每年至少举行一次，奥运会年举行两次，至今已举行了128次。在2015年7月31日开幕的第128次全会上，通过投票选举，将2022年冬奥会的举办权授予了北京。

在全会之下，国际奥委会还有三类机构：包括负责行使日常职责的由15人组成的执委会，负责处理日常事务的若干行政管理部门，以及负责建议咨询的30个常设的或临时的专门委员会，诸如运动员委员会、道德委员会、候选城市评估委员会、奥运会协调委员会、团结基金委员会等。

主席代表国际奥委会，并主持其全部活动。现行宪章规定，主席由全会以无记名投票方式从委员中选举产生，任期8年，可连任一届，第二届任期4年。1894年至今已产生9任主席。顾拜旦以其29年的主席任期遥遥领先。其次为终身名誉主席胡·安·萨马兰奇，任主席长达21年，其任内成功推动了

国际奥委会现任主席巴赫

奥运会的市场化。他与中国有着不解之缘，1979年曾推动中国重返奥林匹克大家庭，1984年洛杉矶奥运会上亲自颁发了中国首枚奥运金牌，离任前又为北京成功申办2008年奥运会费尽心力。

现任主席托马斯·巴赫2013年当选，来自德国，曾是击剑运动员。他是历史上首位获得奥运冠军的主席，也是第八位来自欧洲的主席。

国际奥委会的官方语言是法语和英语。如果官方文件的英法文本出现差异，明确规定以法文本为准。在国际奥委会召开的全会上，设有德语、俄语、西班牙语和阿拉伯语的同声传译。

历任国际奥委会主席

姓　名	任次	任　期	国籍
泽·维凯拉斯	第1任	1894—1896年	希腊
皮埃尔·德·顾拜旦	第2任	1896—1925年	法国
亨·德·巴耶—拉图尔	第3任	1925—1942年	比利时
西·埃德斯特隆	第4任	1942—1952年	瑞典
艾·布伦戴奇	第5任	1952—1972年	美国
米·莫·基拉宁	第6任	1972—1980年	爱尔兰
胡·安·萨马兰奇	第7任	1980—2001年	西班牙
雅克·罗格	第8任	2001—2013年	比利时
托马斯·巴赫	第9任	2013至今	德国

技术支撑：国际单项体育联合会

从19世纪末期开始，国际单项体育联合会相继问世，各类运动项目逐步有了统一的国际领导核心。正是这些组织制定了国际公认的竞赛规则，才使相关的运动项目真正走向了国际化。

当今，全球共有一百多个国际单项体育联合会。它们一般由各国家和地区单项协会组成，在世界范围内管辖一个或几个运动项目。通过定期举办世界锦标赛和世界杯比赛来推动所辖运动项目蓬勃开展。多数单项联合会的成员单位还组成了洲际单项联合会，以加强它们在大洲范围内的合作。

各国际单项体育联合会还组成了联合体——国际单项体育联合会总会（GAISF），1967年成立于洛桑，总部设在摩纳哥蒙特卡洛。现已更名为世界体育大会（SportAccord），统领着92个国际单项体育联合会和17个赛会组织，旨在为所有成员单位提供一个论坛，每年就共同关心的问题交流意见。

国际单项体育联合会具有管理其运动项目的独立性和自主权，如果要得到国际奥委会的承认，其章程和活动须与《奥林匹克宪章》一致，包括接受和实施《世界反兴奋剂条例》。其在奥林匹克运动中的主要作用是：制订和推行运动项目规则；就候选城市场馆技术条件发表意见；制定奥运会参赛标准；负责本项目的技术监督和指导。

目前，这些国际单项体育联合会中获得国际奥委会承认的有70个，其中35个进入奥运会项目，28个为夏季项目，7个为冬季项目。资历最老的是1881年成立的国际体操联合会（FIG），最受瞩目的是国际足球联合会（FIFA），而奥运会设项最多的当数国际田径联合会（IAAF）和国际游泳联合会（FINA）。另有35个单项联合会虽获得国际奥委会承认但尚未进入奥运会项目。

进入奥运会项目的国际单项联合会分别组成了夏季奥运项目国际单项体

中国奥委会标志

育联合会总会（ASOIF）和冬季奥运项目国际单项体育联合会总会（AIWF），以便更好地讨论各类运动项目中具有共性的问题。

组团参赛：国家和地区奥林匹克委员会

国家和地区奥委会是根据《奥林匹克宪章》建立，得到国际奥委会承认，负责在一个国家或地区开展奥林匹克运动的组织。它是奥林匹克运动的基本功能单位。国际奥委会和国际单项体育联合会组织的各种奥运活动，最终都要由国家和地区奥委会来完成，如组织和领导各自代表团参加奥运会和洲际运动会。

截至2016年，国际奥委会承认的国家和地区奥委会达到206个，比联合国会员国还多出13个。中国奥委会、中华台北奥委会和中国香港奥委会均为正式成员单位。南苏丹成为奥林匹克大家庭的最新成员，将组团参加2016年里约奥运会。

国家和地区奥委会为了更好地加强区域性合作，在五大洲还成立了洲际协会，即非洲国家奥委会总会（ANOCA）、亚洲奥林匹克理事会（OCA）、泛美运动组织（PASO）、欧洲奥林匹克委员会（EOC）和大洋洲国家奥委会总会（ONOC）。此外，还有所有国家和地区奥委会组成的全球性组织——国家和地区奥委会总会（ANOC），总部

国家和地区奥委会总会标志

设在巴黎，每2年举行一次全会，讨论共同关心的话题。

三大支柱之外，奥运会组织委员会和奥运会协调委员会这两个临时机构也发挥着重要作用。奥运会组织委员会是主办城市成立的负责奥运会筹备和举办的组织机构，直接接受国际奥委会的指导，对奥运会的各项工作负责。奥运会协调委员会是国际奥委会设立的协调机构，主要是为了加强奥运会组织委员会与三大支柱间的沟通与合作，改进奥运会的组织工作。

五环连接五大洲
——奥林匹克运动的标志体系

奥林匹克运动开发了一系列独特而鲜明的象征性标志：奥运五环、会旗、会歌、会徽、奖牌、吉祥物……这些标志具有典型的外在特征和丰富的内在含义，形象地诠释了奥林匹克理想的价值取向和文化内涵。

五环相扣：奥林匹克标志与旗帜

说起五环的来历，曾经有过这样一个有趣的故事。

1936年柏林奥运会第一次举行火炬传递活动，传递路线自奥林匹亚开始，从希腊北部出境，沿多瑙河穿过奥地利，最后进入德国。为了烘托这一具有象征意义的活动，柏林奥组委完全按照古代奥运会的情景来布置沿途经过的古希腊遗址。当火炬到达德尔菲地区帕那萨斯山的古代运动场时要举行一个特别仪式，这时，柏林奥组委主席卡尔·迪姆突发奇想，在一个高约3英尺的长方形石头的四面，刻上了五环标志，放在了古运动场的起跑线一端。仪式结束后，火炬继续北上，这块石头自然留在了古运动场。

此后很长一段时间，这块道具石头被视为"有3000年历史的古代奥运

奥林匹克五环标志

会遗迹"。直到20世纪60年代才由德尔菲当地的官员澄清了真相。1972年，"迪姆之石"被移到德尔菲的另一个地方——古罗马广场入口处。

事实上，五环标志出自现代奥运会创始人顾拜旦之手。顾拜旦认为奥林匹克运动应该有自己的标志，这个念头在他脑海里盘桓日久。1913年，他构思设计了五环标志和以白色为底、印有五环的奥林匹克会旗，打算在国际奥委会成立20周年之际推出这个标志。

1914年6月15日，国际奥委会又在巴黎索邦神学院举行代表大会，庆祝奥运会复兴20周年。顾拜旦解释了他关于五环和旗帜的设计理念，获

1920年奥运会开幕式上高扬的五环旗

得了与会代表的赞赏和
通过。

奥林匹克标志由五
个奥林匹克环从左至右
套接而成，蓝、黑、红
环在上，黄、绿环在下，
整个造型为一个上宽下
窄的规则梯形。五环可
以是五色，也可以是单
色。选定这五种颜色，
是因为它能代表当时各
成员国国旗的颜色。

奥林匹克旗帜是一
面长3米、宽2米、中
间以五环为核心元素的
白色旗帜。据顾拜旦的
解释，五色代表各国旗
帜的颜色，以白色为底，
则象征纯洁、干净、无
歧视，意指所有国家都
毫无例外地能在自己的
旗帜下参加比赛。1914
年在巴黎召开的国际奥

北京2008年奥运会开幕式上升
国旗和五环旗

委会会议上，奥林匹克旗帜第一次升起。1920 年，又第一次飘扬在安特卫普奥运会上。会后，比利时奥委会将旗帜赠予国际奥委会，成为国际奥委会的正式会旗。

此后，历届奥运会闭幕式上都设置了旗帜交接仪式。由当届奥运会主办城市代表将旗帜交给国际奥委会主席，再由主席交给下届主办城市代表，由该市保存4年，再依次交接。1952年，挪威奥斯陆将在冬奥会会场悬挂的奥林匹克旗帜赠送给国际奥委会，开始了冬奥会上旗帜交接的惯例。

1979 年，国际奥委会在《奥林匹克宪章》中正式明确了会旗和五环的含义：象征五大洲的团结以及全世界运动员以公正、坦诚的比赛和友好的精神在奥运会上相聚。

如今，五环标志已成为奥林匹克精神与文化的形象代表。五环"转"到哪里，奥林匹克运动就在哪里生根发芽、开花结果，展示了奥林匹克运动的蓬勃活力。以五环为核心要件，每一届奥运会的组委会还会创造出富有国家和民族风格的独特元素，共同组成奥运会的会徽和其他文化景观。

精神航标：奥运会会徽

奥运会会徽是一届奥运会最鲜明的标志。历届奥组委都要为所举办的奥运会设计会徽。会徽的图样不仅要体现奥林匹克精神，还要求反映出主办国家和主办城市的特征。

早期会徽的艺术表现与奥林匹克海报一脉相承。二战后，会徽渐渐走出了宣传画的模式，设计趋于简洁抽象、意蕴深刻。可以说，会徽是一个具有历史纪念意义的艺术性标志。

1896年第1届奥运会举办时，原本既没有会徽也没有海报，后来把当时雅典奥组委向国际奥委会提交的报告封面当作会徽，用来代表首届奥运会。

雄浑的雅典卫城，手执橄榄枝的雅典娜女神，深嵌的马蹄印，古铜色的浮雕，都散发着浓郁的古希腊气息。

1924年，奥运会第二次来到巴黎，虽然只能作为世界博览会的配角，但却创造了以巴黎的盾形城徽和大海中航行的古帆船为主体图案的会徽。这是现代奥运史上第一枚走出宣传画形式的会徽。

1932年，第10届奥运会在美国洛杉矶举办。该届奥运会会徽的主体是美国国旗，奥林匹克五环居于正中，代表胜利的月桂枝贯穿其间，"更快、更高、更强"的格言列入其上，充分昭示了美国的精神。这是第一个使用五环标志的会徽。

1896年第1届奥运会报告封面

此后，每一届奥组委都在会徽的设计构思上各显神通、新意百出。作为奥运会的象征，会徽常出现在与奥运会有关的出版物、纪念品和建筑物上，不仅起到形象传播的作用，也为奥组委和主办城市带来了可观的经济效益。

1924年奥运会会徽

奥运使者：可爱的吉祥物

吉祥物是每届奥运会中最具社会亲和力的纪念品。其创意多取自具有主办国鲜明特色的事物或动物，采用拟人化的夸张造型，生动活泼，深受民众特别是青少年的喜爱。

第一个吉祥物出现在1968年在法国格勒诺布

1932年奥运会会徽

1968年冬奥会吉祥物
"雪士"

1972年奥运会吉祥物
"瓦尔迪"

奥林匹克颂歌

古代不朽之神，

美丽、伟大而正直的圣洁之父。

祈求降临尘世以彰显自己，

让受人瞩目的英雄在这大地苍穹之中，

作为你荣耀的见证。

请照亮跑道、角力与投掷项目，

这些全力以赴的崇高竞赛。

把用橄榄枝编成的花冠颁赠给优胜者，

塑造出钢铁般的躯干。

溪谷、山岳、海洋与你相映生辉，

犹如以色彩斑斓的岩石建成的神殿。

这巨大的神殿，

世界各地的人们都来膜拜，

啊！永远不朽的古代之神。

尔举办的第10届冬奥会上。这是一只名为"雪士"（Schuss）的溜冰熊，身着法国三色旗，纤细的身体顶着硕大的脑袋，好似一个充满坚强意志的小精灵。

奥运会吉祥物始于1972年慕尼黑奥运会。那是一只名叫"瓦尔迪"（Waldi）的德国小猎狗，五彩的身躯包裹着坚韧的灵魂，吸引了人们的目光，极大地活跃了整个赛场的气氛。

此后，各届奥组委纷纷效仿，选择本国深受喜爱的动物形象为创作原型，力图设计出让人过目不忘的奥运使者。如今，吉祥物已经成为奥运会的一个独特标志，它们以巧妙的构思、可爱的形象，给人们留下深刻的印象。随着时光流逝，奥运会比赛中的种种盛况或许成为过眼云烟，但那些充满奇思妙想的吉祥物却如璀璨星光，闪烁在人们记忆的长河中。

远古神韵：奥运会会歌

1896年4月6日，当希腊国王乔治一世宣布第1届奥运会开幕之后，希腊音乐家斯·萨马拉指挥9个合唱团250人，演唱了其本人作曲、抒情诗人科·帕拉马作词的《奥林匹克颂歌》。悠扬的乐曲、悦耳的歌声，久久回荡在帕纳辛尼安体育场上空，把人们带入了古代奥运会的辉煌境界中。

《奥林匹克颂歌》在开幕式上获得了成功，但当时并未把它确定为奥运会会歌。此后的数届奥运会都是由东道主选择自己的会歌。后来有人建议创作一首永久性的会歌，几经尝试都没能令人满意。于是，1958年国际奥委会在东京举行的第55次全会上，决定将这一颂歌作为奥林匹克会歌。

从此以后，在每届奥运会开闭幕式上，升降奥运会会旗时，人们都能听到这首悠扬的古希腊管弦乐曲。

在奏响会歌之外，每一届奥组委一般都会自行创作一首集中反映主办国、主办地人文特色和精神追求的主题歌曲，如《手拉手》《我和你》，作为该届奥运会的主题歌。主题歌演奏往往是一届奥运会开幕式的点睛之笔。

五彩华章谱写奥运盛典
——奥林匹克运动的活动体系

奥林匹克运动的活动体系是实现奥林匹克理想的载体与途径。在一百多年的发展历程中，奥林匹克运动形成了以奥运会、冬奥会、青奥会和冬青奥会为支撑的活动体系。各类奥运会尽管项目类别或面向的群体不同，但一般都有着共同的活动内容，包括竞赛、仪式、艺术节等。

擎天之柱：奥林匹克赛会

国际奥委会举办的奥运会、冬奥会、青奥会和冬青奥会都遵循4年一度的奥林匹克周期。目前，奥运会与冬青奥会同年举行，冬奥会与青奥会同年举行。

2014年索契冬奥会北欧两项颁奖仪式上的运动员

奥运会规模最大、最隆重，是奥林匹克运动的主旋律，名义上至今已举办30届，实际上举办了27届，有3届因两次世界大战而停办，但仍照奥林匹克周期计算届次。2008年，北京举办了第29届奥运会。2016年8月，第31届奥运会将在巴西里约热内卢开幕，这是奥运会第1次来到南美洲。2020年，亚洲将在日本东京迎来第4次奥运会。

冬奥会自1924年至今已举办22届，因战争停办了两届，并未计算届次。1992年以前冬奥会与奥运会同年举行，其后则间隔两年举行，即冬奥

2001年罗格就任主席后，提炼形成了以"卓越、友谊、尊重"为核心的奥林匹克价值观。

会改在奥林匹克周期的第3年举办。最近两届冬奥会都将在亚洲举行，2018年在韩国平昌，2022年在中国北京和张家口。亚洲随之成为继欧洲和北美之外举办冬奥会的第3个热点区域，成为世界冬季运动的第三极。

2007年，奥运会家族又增加了新成员，国际奥委会决定创办青年奥运会。它是一项专为15岁至18岁的年轻人设立的奥运赛事，有机整合了体育、教育、文化内容，鼓励青年人践行奥林匹克价值观。与奥运会一样，根据项目类别，青奥会也有夏季、冬季之分。2010年首届青奥会在新加坡举行，中国南京举办了2014年第2届青奥会。首届冬青奥会2012年在奥地利因斯布鲁克举行，挪威利勒哈默尔则举办了2016年第2届冬青奥会。

在国际奥委会举办的赛会之外，奥林匹克运动家族还有其他一些成员，它们包括：专为肢体残疾人、视力残疾人举办的残奥会和冬残奥会，专为听力障碍者举办的聋奥会和冬聋奥会，专为智力障碍者举办的特奥会。其中，

2010年温哥华冬残奥会坐式越野滑雪比赛中的中国运动员

只有国际残奥委会举办的残奥会、冬残奥会与奥运会相伴而行。残奥会始于1960年，已举办14届；冬残奥会始于1976年，已举办11届。1988年，国际奥委会做出规定，残奥会要与奥运会在同一年、同一城市举行。2001年，国际奥委会与国际残奥委会又达成协议，从2008年奥运会开始，残奥会不仅将在奥运会之后的相同城市举行，还应使用相同的场馆和设施。

体育之美：奥林匹克竞赛

竞技运动比赛是奥运会的核心内容。国际奥委会关于奥运会比赛项目有大项、分项、小项之分。简单地说，一大项就代表着一个国际单项联合会，而一小项就意味着会产生一枚金牌。

目前共有35大项列为奥运会比赛项目。夏季奥运会有28大项，按照金牌数量由多到少，包括田径、游泳、体操、摔跤、自行车、射击、皮划艇、举重、柔道、赛艇、拳击、击剑、帆船、跆拳道、马术、网球、羽毛球、射箭、乒乓球、排球、足球、篮球、手球、曲棍球、现代五项、铁人三项、高尔夫球和七人制橄榄球。2016年里约奥运会将设28大项、306小项。棒球和垒球于2008年奥运会后正式退出奥运会比赛，高尔夫球和七人制橄榄球则是在2016年里约奥运会上进入奥运大家庭。

国际奥委会规定，只有在至少4大洲75个国家广泛开展的男子项目和3大洲40个国家广泛开展的女子项目，才可列入奥运会比赛；至少在3大洲25个国家广泛开展的项目，才可列入冬奥会比赛。

冬季奥运会有7大项，包括滑雪、滑冰、冰球、冰壶、雪车、雪橇、冬季两项。2014年索契冬奥会设98小项，而2018年平昌冬奥会将增至102小项，冬奥会金牌总数首次突破100枚。

为了提高关注度和增加广泛性，许多运动项目争先恐后跻身奥运会，但让奥运会"减负""瘦身"一直是近年来国际社会呼吁和国际奥委会考虑的重点。

青奥会与冬青奥会的比赛项目均是参考了奥运会、冬奥会的项目而设置，并更多地考虑了青少年的特点。2014年南京青奥会共设28大项222小项的比赛，组委会进行了赛制创新，在其中15大项17小项设置了不分国籍、不分性别的混合混编团体赛。

此外，组委会还根据国际奥委会主席巴赫的提议，创设了"体育实验室"项目，把在青少年中广泛流行的武术、攀岩、轮滑和滑板比赛引进青奥会进行展演，体现了青奥会贴近青年、聚拢青年的创意。

文化之光：奥林匹克仪式

现代奥运会最引人瞩目的特色之一就是它独特而完整的仪式。可是当年顾拜旦设计并推出这些仪式时，却被一些人视为"戏剧性的表演""有损比赛严肃性的毫无意义的闹剧"。一百多年后的今天，包括火炬传递、开闭幕式、颁奖仪式等在内的奥林匹克仪式已成为奥运会最具魅力的华彩乐章，它对媒体和大众的吸引力甚至超过了体育比赛本身。

传递奥林匹克圣火，是古代奥运会的传统。奥运会开幕前，由祭司从圣坛上燃取奥林匹克之火，所有运动员一齐向火炬奔跑，最先到达的3名运动员将高举火炬跑遍希腊，传令停止一切战争，开始4年一度的奥运会。

现代奥运会恢复后，1912年顾拜旦提出了点燃奥林匹克圣火的建议。1928年在阿姆斯特丹举办的第9届奥运会上，主办者第一次在主会场点燃了

象征和平的火炬。自1936年柏林奥运会开始，都要在奥林匹亚的赫拉神庙遗址前举行庄重的圣火采集仪式。身着古装的希腊少女用聚光镜采得火种，用火炬传到雅典，再由雅典接力传到主办城市，最后在开幕式上进入会场，由主办国著名运动员手执火炬点燃熊熊火焰，直到闭幕式再缓缓熄灭。

　　开幕式历来都是奥运会的重头戏，人们甚至说精彩的开幕式意味着奥运会成功了一半。它将体育、音乐、艺术表演等多种元素融为一体，既庄严隆重，又绚丽多彩，既要体现奥林匹克精神，又要展现出主办国的民族文化和风土人情，同时还要表达对各国来宾的热情欢迎。1908年伦敦奥运会为人们奉献了现代奥运史上第一个开幕式。此后，历届奥组委都为筹划一场令人难忘的开幕式费尽心思，为即将开始的奥运会定下基调。

北京2008年奥运会开幕式

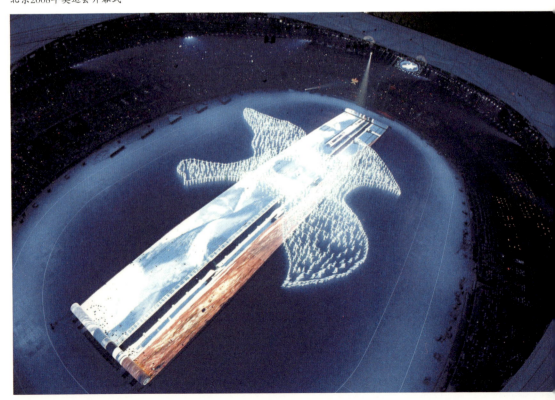

与开幕式的庄严和隆重不同，闭幕式营造的是四海一家、轻松欢乐的气氛。尽管开、闭幕式上都有运动员入场式的固定程序，但形式有所不同。开幕式上各代表团按主办国语言的字母顺序列队入场，但有两个代表团例外，奥运会的创始国希腊代表团最先入场，本届奥运会的主办国代表团最后入场。而在闭幕式上，各代表团的旗手按开幕式的顺序形成纵队入场，他们身后是不分国籍的运动员队伍，结束比赛任务的他们倍感轻松，纵情享受奥运会带来的激情与欢乐。

北京2008年奥运会闭幕式上的加拿大运动员

回归教育：奥林匹克文化节与青年营

作为奥运会的重要组成部分，奥林匹克文化节与奥林匹克青年营不但丰富了奥运会的活动内容，而且发挥着奥林匹克运动的文化教育功能。

从1912年斯德哥尔摩奥运会起，连续7届奥运会都设有以体育运动和奥林匹克为题材的建筑、绘画、雕刻、音乐和文学作品比赛。后来由于评判标准难以掌握等原因，1948年伦敦奥运会后停办了艺术比赛，改为在奥运会期间举办各种形式的文化表演和展览活动，即奥林匹克文化节。这是奥林匹克运动所追求的，将体育运动与文化艺术相结合，培养身心和谐发展的青年的重要载体。

同样是在1912年奥运会期间，瑞典国王古斯塔夫五世为了扩大奥林匹克的影响，邀请了来自欧洲的1500名青少年，在奥林匹克赛场周围搭起帐篷，举行各种活动，这就是奥林匹克青年营的发端。青年营为来自世界各地的青年创造了一次独特的奥运经历，提供了在奥林匹克旗帜下互相交流、互相学习的机会，让他们能够更加深刻地了解奥林匹克理想。

除了以上活动形式外，还有大洲运动会，奥林匹克文化、教育和科学活动，"奥林匹克日"等大众体育活动，奥林匹克团结基金的援助活动，奥林匹克奖励活动，奥林匹克休战活动，等等，这些也都是奥林匹克运动的组成部分。在各级奥林匹克机构的组织下，这些活动与奥运会彼此呼应，共同构成了层次丰富、形式多样的奥林匹克活动内容体系，推动奥林匹克运动在全世界蓬勃发展。

北京2008年奥运会青年营开营仪式

夏蒙尼的起步和北京的期待　　*02*

只有在雪上和冰上进行的体育运动才可视为冬

季项目。

——《奥林匹克宪章》

与奥运会比肩而立

——冬奥会曲折创立

1924年1月25日，冬奥人不会忘记这一天，正是这个具有纪念意义的日子，叩响了冬季奥林匹克运动会诞生的大门。冬奥人也不会忘记顾拜旦的名字与功绩，正是这位伟大的创始者，在奥运会恢复举办三十年后，让冬奥会与之比肩而立、和谐发展。

北欧引领先河

冬季运动拥有与夏季运动几乎一样悠久的历史。不同的是，夏季运动更多是出于训练战士的目的，而冬季运动则是生活在冰天雪地里的渔猎民族得以生存的基本技能。

近年，在新疆阿勒泰地区发现距今一万多年的洞穴岩画上，画有栩栩如生的滑雪人形。

在挪威、芬兰、瑞典等北欧国家四千多年前的石刻中，发现刻有脚踏雪板、手持棍棒在雪地上追捕野兽的场景，这是现代冬季两项运动的最早形态。现今在瑞典吉尤加登博物馆，还收藏有4500年历史的滑雪板。

中国新疆阿勒泰地区古代岩画
上一名滑雪者在追赶一只野羊

荷兰画家亨利克·阿维坎普17世纪的绘画作品，真实地描绘了当时人们在河道上劳作和嬉戏的场景

　　滑冰运动在北欧也有着漫长的发展史。位于莱茵河入海处的荷兰地区地势低平，河流众多，九百多年前，每到冬季，人们就把木板绑在鞋底，滑行在结冰的河面上，往来于村落、城镇之间。17世纪后，这种最初的冰上运输形式逐渐发展成为一种运动项目。英国国王查理二世流放荷兰期间，就喜欢上了这项运动，并将其引入英国上流社会，为日后滑冰运动的繁荣发展奠定了基础。

　　13世纪，一些国家在战争中已经应用了滑雪、滑冰技巧参与作战，并且持续不断地研究改进滑行速度和技术。1206年，挪威内战期间，有两名被称为"桦木腿"的年轻侦察兵，脚上绑着桦木片，怀里藏着2岁的国王哈康四世，在大雪纷飞中翻越山岭滑行35英里，最终摆脱了敌人。这是最早的越野滑雪故事，至今挪威还沿着当年的路线，每年举行马拉松越野滑雪赛，以纪念这两位英勇的侦察兵。

从19世纪开始，冰雪运动在北欧地区广泛流行。随着冰刀和雪板材质、性能的不断改进更新，挪威、荷兰、英国、奥地利等国纷纷举办全国性的滑冰、滑雪比赛。冰壶运动由英国移民传到加拿大和美国，雪车运动在这两个国家也受到欢迎。冰上舞蹈在荷兰成为时尚，属于淑女必修课程。1855年，冰球比赛在加拿大出现，并迅速在各地流行开来。1876年，英国人 W·帕克发明了人造冰，在伦敦建造了世界上第一个电动结冰的人造冰场，并举办了冰上比赛。

19世纪末20世纪初，滑冰、冰球、滑雪和雪橇4个国际单项体育联合会相继成立，花样滑冰、速度滑冰、冰球、滑雪和雪车的国际大赛先后举办。这说明当时的世界冬季运动已经颇具规模，举办冬季奥运会到了水到渠成、呼之欲出的地步。

1901年，斯堪的纳维亚国家创办了4年一届的北欧运动会，在瑞典和挪威的首都轮流举行，成为北欧带有民族性和宗教性的传统节目。尽管只限于斯堪的纳维亚半岛，但在主办者看来，北欧运动会堪与奥运会并驾齐驱、平分秋色，没有其他世界性的比赛可以取代他们这些项目。

夏蒙尼创造历史

现代奥运会创始人顾拜旦很早就提出单独举办冬季奥运会的设想，但遭到了斯堪的纳维亚国家的强烈反对。他们认为北欧运动会已经成为冰雪运动的竞技舞台，再搞一个冬季奥运会没有必要。一些国际奥委会官员也认为，古代奥运会并没有冬季项目，这样会破坏奥林匹克的传统。于是单独举办冬奥会的动议搁浅了，然而冰雪项目却悄然进入了奥运会的赛场。

1908年第4届伦敦奥运会首次将花样滑冰列为比赛项目，来自6个国家的

21名选手参加了男单、女单、双人滑及冰舞4个小项的角逐，引起人们极大的兴趣。12年后的第7届安特卫普奥运会，在花样滑冰之外又增加了冰球比赛。这一届奥运会许多比赛观众寥寥，唯有这两个冰上项目，冰球的激烈对抗与花样滑冰的优雅柔美，吸引了成千上万的冰上爱好者观战助威。

但是，在夏季举行的奥运会上增列冬季项目并不是长久之计。1896年雅典奥运会和1900年巴黎奥运会，都是因为缺乏相应的比赛设施和条件，没有设置滑冰比赛，1904年圣路易斯奥运会也因天气原因取消了冬季项目。1920年，尽管安特卫普奥组委把花样滑冰和冰球比赛都提前到凉爽的4月份举行，但由于此时距奥运会开幕尚有5个月，人力物力耗费巨大。观众的热情和组织工作的需要，把冬奥会自立门户的议题再一次推上了国际奥委会的圆桌。

于是，1921年在洛桑召开的国际奥委会第20次全会上，顾拜旦竭尽全力说服了反对者，委员们决定在1924年第8届巴黎奥运会的赛事计划中增设一个"冬季运动周"，所有的冰雪项目安排在这一周举行。稍后举行的国际业余田径联合会讨论了"冬季运动周"的具体方案。1922年，国际奥委会正式决定在法国小镇夏蒙尼举办"冬季运动周"，比赛时间定在奥运会前4个月。为了安抚反

1924年第1届冬奥会海报

最初的滑冰比赛与滑雪一样在户外场地举行。冬季运动周前一个月，一场大雪让滑冰场积雪达一米厚；前一个星期，一场暴雨将滑冰场变为湖泊。幸好在开幕式前一天，一场寒流让夏蒙尼晴空万里、冰封雪冻。从此，主办城市的气候条件成为冬奥会关注的首要问题。

对者，本次比赛避开了"奥运会"的称谓，称为"第8届奥林匹亚德冬季运动周"。

1924年1月25日至2月5日，冬季运动周如期举行，实际上举行了10天，冰雪运动水平较高的16个国家的258名选手参加了本次比赛。夏蒙尼的这场赛事在世界体坛引起了巨大反响，一万多名观众前往观赛，就连斯堪的纳维亚国家原先的反对者，也不再怀疑冬奥会的必要性。

虽然从参赛范围上看，这只能算是一次欧美国家的冰雪赛事，比赛项目也只有滑雪、滑冰、冰球和雪车4项，另设冰壶、军事滑雪射击（也就是后来的冬季两项）2个表演项目。但除了当时尚未诞生的高山滑雪、单板滑雪和自由式滑雪等项目，这样的比赛设置已经接近现在的冬奥会。

夏蒙尼成为冬季奥林匹克运动的光辉起点。1925年5月27日，在布拉格举行的国际奥委会第24次全会上，确认冬季运动周的各项成绩及纪录，均为第8届奥运会的有效组成，同时决定此后与奥运会同年举办冬季奥运会。

1924年第1届冬奥会赛场

1924年第1届冬奥会冰壶比赛

1926年，北欧运动会停止举办，国际奥委会又召开会议，追认1924年夏蒙尼奥林匹亚德冬季运动周为第1届冬奥会。

从此，冬季奥运会走入奥林匹克圣坛，与奥运会比肩而立，荣耀世界。

银色世界的激情盛会

——历届冬奥会概况

1926年，在伦敦召开的国际奥委会第25次全会上，还明确了冬奥会为国际奥委会主办的世界性冬季项目运动会，每4年举行一届，延续第1届的举办模式，单独计算届次，若停办时则不计届次；比照奥运会执行有关规制和仪式；每一届奥运会的主办国拥有优先举办权。

60年后，国际奥委会在夏蒙尼举行庆典，时任主席萨马兰奇提议："将来在一个美好的日子，所有的奥林匹克运动员重新聚集在这里，聚集在夏蒙尼，再来参加一次冬季奥林匹克运动会。"但是这一愿望迄今还未实现。

与奥运会分道扬镳

第1届夏蒙尼冬奥会的参赛国家和选手数量，与30年前第1届雅典奥运会相比，显然更具有国际性。

在本届冬奥会上，美国人创造了神话，500米速滑运动员查尔斯·朱特劳夺得首枚金牌，而1896年第1届奥运会的首个冠军由美国三级跳远运动员詹姆斯·康诺利获得。美国运动员包揽了奥运会和冬奥会历史上第一枚金牌。

1928年，因为奥运会主办国荷兰没有场地举办滑雪赛事，第2届冬奥会来到瑞士小镇圣莫里茨。这是冬奥会首次与奥运会同年但在不同国家举办。

第2届冬奥会参赛人数几乎增加了一倍，组织水平、技术水准和观赏性都大为提高。钢架雪车

1924年第1届冬奥会上的美国速滑队

第一次出现在冬奥会赛场。挪威蝉联奖牌榜第一名。日本成为第一个参加冬奥会的亚洲国家。

1932年，冬奥会首次离开欧洲，在美国普莱西德湖举行。因为路途遥远、花销不菲，欧洲一些国家没有参赛。英格兰仅派出4名花样滑冰女选手组团前往，由此产生了冬奥会历史上的第一位女旗手。东道主美国队领跑奖牌榜。

1936年柏林奥运会前，德国奥委会决定在加米施－帕滕基兴举办同年的冬奥会。高山滑雪第一次进入冬奥会。主办方高效率的公共汽车服务将50万观众带到了最后一天比赛的赛场，成为早期奥运会历史上少见的盛况。

二战后，考虑到奥运会主办国财政负担过重，国际奥委会决定从1948年起，将同一年内的冬、夏两季奥运会交由不同国家举办。因而，德国成为奥运史上最后一个在同一年内既举办奥运会又举办冬奥会的国家。

1928年冬奥会上准备比赛的钢架雪车运动员

1932年冬奥会上的雪车运动员

1936年冬奥会路边停车

1948年冬奥会开幕式现场

1952年冬奥会开幕式上点燃主火炬

战后冬奥会的复兴

奥运会无论举办与否，都按奥林匹克周期计算届数，所以尽管一战、二战期间停办3届之多，仍然计算在内，这是为了继承古代奥运会"奥林匹亚德"周期的传统。与此不同的是，国际奥委会规定，冬奥会的届数应按实际举办的次数进行计算。

第5届冬奥会原定1940年在日本札幌举办，但因日本发动法西斯侵略战争而被取消了主办资格。国际奥委会有意改在瑞士圣莫里茨举行，但瑞士奥委会因滑雪教练的参赛资格问题与国际奥委会发生分歧，宣布放弃接手本届冬奥会。1939年7月，德国奥委会表示愿意由加米施－帕滕基兴继续承办第5届冬奥会。但随着二战爆发，连续两届冬奥会都被迫停办。直到战后的1948年，在圣莫里茨举办的冬奥会才被算作第5届冬奥会。

1946年国际奥委会讨论恢复奥运会时，原本希望英国能够承办1948年的奥运会和冬奥会。但英国奥委会认为在两年后同时举办奥运会和冬奥会，尤其是冬奥会只有一年多的筹备时间，不胜负担，建议由中立国瑞士凭借已有条件，举办第5届冬奥会。这样，1948年，圣莫里茨才有幸梅开二度。

1952年，冬奥会终于来到现代滑雪运动的发源地挪威。这也是冬奥会走出山城小镇，第一次在奥斯陆这个50万人口的首都城市举行。本届冬奥会首次在主会场点燃了奥运圣火，但火种不是来自奥林匹亚，而是取自挪威冰雪运动奠基人松德雷·努尔海姆出生的小屋中，94位火炬手接力把圣火传递到冬奥会主会场。

1956年冬奥会花样滑冰比赛

挪威至此连续三届稳居奖牌榜首位，无愧于"冰雪王国"的称号。也是从这一年开始到之后长达40年的时间里，冬奥会与奥运会再没有在同一大洲碰过面。直到1992年，法国阿尔贝维尔、西班牙巴塞罗那分别举办了当年的冬奥会和奥运会。

1956年，意大利仅有6000人口的山间小镇科蒂纳丹佩佐承办了第7届冬奥会。该镇规模不大，但早已是闻名遐迩的冬季运动中心，1897年开始举行滑雪比赛，1902年起滑冰比赛成为家常便饭。该镇曾申办1944年和1952年两届冬奥会未果，1956年终于圆梦。本届冬奥会第一次有电视转播，也是花样滑冰比赛最后一次在户外举行。苏联首次参加冬奥会即获得金牌总数第一，此后保持"三连冠"。

1960年冬奥会前，圣火抵达洛杉矶后的第一位火炬手，从此传向斯阔谷

1960年，经过艰辛努力，第8届冬奥会再次来到美国，在斯阔谷举行。奥运圣火再次在努尔海姆家中点燃，横跨整个大洲传递到美国。经国际奥委会认定，《奥林匹克颂歌》作为奥运会会歌在本届冬奥会上第一次奏响。冬季两项首次作为正式比赛项目。

冬奥会走入大众化

1964年东京奥运会上，日本在赛场上以人造卫星向全世界传送电视转播比赛，于是电视与奥运结下了不解之缘。

同年，在奥地利因斯布鲁克举办了第9届冬奥会。冬奥会圣火第一次在奥林匹亚点燃，并传递到主办城市。36个国家和地区的1091名选手参加比赛，参赛人数首次突破1000人。亚洲的印度、

1964年冬奥会，在奥林匹亚点燃火炬

1968年冬奥会速度滑冰赛场

蒙古、朝鲜首次进入冬奥会大家庭。东德、西德组成联队参加冬奥会，具有深远的政治意义。

本届冬奥会上，媒体记者人数第一次超过了运动员人数。在奥运会上，这一现象直到1972年才出现。

1968年，冬奥会时隔多年后再次回到法国。格勒诺布尔空前重视，尽管当时速度滑冰在法国还不十分普及，但为保证赛事顺利进行，主办方依然修建了一个专用于速滑比赛的人工冷冻冰场，还推出了第一个名为"雪士"的冬奥会吉祥物。非洲国家摩洛哥首次派团参赛。挪威超过苏联重新回到奖牌榜首位。

1972年第11届冬奥会落户日本札幌，这是冬奥会首次在欧洲和美国以外的地区举办。日本获得了亚洲第1枚冬奥会金牌。中华台北代表团第一次参加冬奥会。这次冬奥会的职业与业余问题再次成为话题。因认定苏联及东欧国家的冰球运动

苏联冰球队连续获得1964年第9届和1968年第10届冬奥会的冰球项目冠军。1969年，加拿大代表在国际冰球联合会代表大会提出一项提案，提出不应对职业运动员参加世界锦标赛加以限制，如果得不到公平合理的解决，将从1970年起拒绝参加国际冰球联合会的一切比赛，其中也包括冬奥会。在加拿大队缺席的情况下，苏联队获得了1972年第11届冬奥会冰球项目的冠军。

1972年冬奥会，苏联冰球队和波兰冰球队比赛

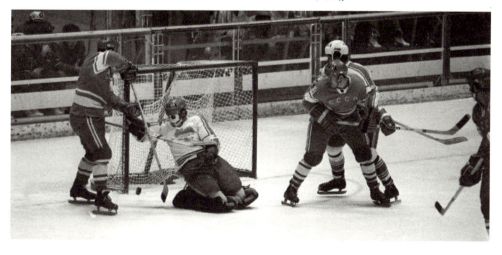

员全天训练，与职业运动员无异，作为冰球创始国的加拿大"伤不起"三连败的事实，再一次拒绝派队参加冬奥会比赛。

1976年，时隔12年之后，奥地利因斯布鲁克又一次成为主办城市。本来，美国丹佛市获得了主办权，但科罗拉多州民众深恐冬奥会破坏生态环境、带来巨额债务，公投反对举办冬奥会，丹佛只好放弃主办权。因斯布鲁克随即表示愿意接手，获得国际奥委会同意。本届冬奥会开幕式中最大的特色是主会场设置了两座圣火塔，一旧一新，开幕式上先点燃新的，再点燃旧的，两支火炬在奥运期间同放光明，直至闭幕式上同时熄灭。主办方新建了35层公寓作为奥运村，冰舞首次进入冬奥会，150万名观众观看了冬奥会比赛。

由大众化而现代化

20世纪80年代以来，高科技设备短、小、轻、薄的特点，不仅改变了人类的生活，也刷新了奥运赛场上更快、更高、更强的各种纪录，让现代奥运与现代科技产生了密不可分的联系。

1980年，美国普莱西德湖在48年后成为第3个再次承办冬奥会的城市。为了改善办赛条件，组委会第一次采用了人工造雪，第一次招募了志愿者为冬奥会服务。本届冬奥会前，国际奥委会恢复了新中国的席位，中国代表团第一次出征冬奥会。

出于竞赛组织方面的考虑，实际上从1964年开始，举办冬奥会这一殊荣一般不再授予山城小镇了，而是选择人口众多、哪怕远离雪场的城市。普莱西德湖是个例外，但是面对交通拥堵、通信不畅，以及气候异常的窘境，使得国际奥委会表示，冬奥会再也不能回到小山城。

1976年冬奥会开幕式上的两座圣火塔

1984年的南斯拉夫萨拉热窝冬奥会，是萨马兰奇主席任期内举办的第1届冬奥会。组委会的精心组织及服务保障获得一致称赞，被誉为史上最佳冬奥会。国际奥委会为部分冬奥代表团及参赛选手提供食宿经费的举措，激发了塞内加尔、斐济、维京群岛等非冬季运动传统国家和地区的参赛热情，参赛代表团由上届的37个增至49个。中华台北派出14名运动员参赛，这是两岸选手第一次同场竞技。最终3届亚军民主德国在本届冬奥会上一展雄风，以9枚金牌超过苏联高居榜首。

1980年冬奥会，美国冰球队以4：2击败芬兰队夺冠

1984年萨拉热窝冬奥会电视转播控制室

1988年冬奥会开幕式上，观众身着统一的白色罩衣，犹如皑皑雪山

本届冬奥会上，电视转播收入大幅提高，由上届的两千多万美元激增到1亿美元，大大缓解了国际奥委会及主办方的财务危机。

加拿大卡尔加里申办1964年和1968年两次冬奥会均未能如愿，1988年终于梦想成真。在第15届冬奥会上，参赛代表团及选手又有明显增加，赛期也延长到16个比赛日，横跨3个周末。竞赛项目从上届的39项增加到46项，冰壶、短道速滑和自由式滑雪列入表演项目。

在各项比赛中，苏联、民主德国占尽了优势，主办国加拿大与1976年蒙特利尔奥运会一样，结果又是"零金牌"，加拿大国歌从未在颁奖仪式中响起。尤其是加拿大引以为豪的冰球，先后败于芬兰、苏联，又和瑞典战平，只获得第4名，连铜牌都没有份儿，使东道主大失所望。

1992年，冬奥会圣火第3次在法国点燃，阿尔贝维尔这座深藏在阿尔卑

1992年冬奥会雪橇赛场周围是美丽的阿尔卑斯群山

斯山地区的小山城，成为它的主人。这届冬奥会见证了国际局势的风云巨变：东西德国以统一的身份参赛，而苏联的部分共和国则以独联体的名义出席。自由式滑雪（雪上技巧）、短道速滑和女子冬季两项第一次列入比赛项目，同时，速度滑雪、冰壶和自由式滑雪（空中技巧和雪上芭蕾）列为表演项目。

冬季奥运会的新周期

为了提高电视转播收入并使其规律化，同时也为了减轻各代表团一年两次征战奥运会的负担，国际奥委会决定从1992年起将奥运会与冬奥会的举办时间错开，在同一年里既举办奥运会又举办冬奥会的历史结束。新的举办周期是以两年为间隔，交叉举办奥运会和冬奥会。

为了适应冬奥年的新改变，在阿尔贝维尔冬奥会闭幕2年后，挪威利勒哈默尔于1994年举办了第17届冬奥会。这是挪威第2次举办冬奥会，也是唯一一次间隔时间只有2年的冬奥会。尽管利勒哈默尔是一个人口仅两万多人的小城镇，但挪威是冰雪强国，各项筹备工作尚能驾轻就熟。俄罗斯首次独立组队参加冬奥会，名列奖牌榜第1位。环境保护意识在本届冬奥会上得以彰显，被萨马兰奇称赞为"绿色的白色赛会"。

1994年冬奥会开幕式

1998年冬奥会U型场地技巧运动员

1998年爆出的盐湖城"贿选"丑闻，一时引起轩然大波，开启了国际奥委会锐意改革的新时代。

2002年冬奥会上，杨扬实现中国冬奥会金牌"零"突破

1998年，日本长野迎来了盛大的冬奥会，参赛国家和地区增至72个，运动员人数突破2000人，参与报道的注册媒体记者更是达到8329人。冰壶、单板滑雪和女子冰球成为冬奥会比赛项目，男子冰球也第一次允许职业运动员参赛。

2002年，新世纪首届冬奥会在美国犹他州首府盐湖城举行，这是冬奥会第4次光顾美国。本届奥运会设78个比赛项目，比长野冬奥会多出10项。短道速滑运动员杨扬为中国实现了冬奥会金牌"零"突破。

2006年，冬奥会的五环旗在意大利"足球之都"都灵冉冉升起，阿尔卑斯山结缘冬奥会的绵绵长卷再一次铺展在世界面前。都灵拥有90万人口，超过了1988年卡尔加里的60万人口，在北京申办冬奥会胜出之前，堪称冬奥史上人口最多的主办城市。5大洲18个国家的观众第一次可以用手机观看冬奥会赛事，都灵冬奥会官网访问量更是达到前所未有的7亿次。

2010年，冬奥会再次来到"枫叶之国"。加拿大代表团经过22年冰雪历练，终于弥补了此前两次主办奥运会"零金牌"的遗憾，在温哥华光荣绽放。东道主以14枚金牌高居榜首，也创造了单届冬奥会上一个代表团获得金牌数的最高纪录。

2006年冬奥会上，美国选手山尼·戴维斯勇夺速度滑冰男子1000米冠军，成为历史上第一个获得冬奥会单人项目冠军的男子黑人选手

2014年，第22届冬奥会在黑海沿岸的度假胜地索契举行，这是俄罗斯历史上首次举办冬奥会。来自88个国家和地区的2780名运动员，参加了98个小项的比赛，其中7个代表团是首次参加冬奥会。

本届冬奥会的火炬传递实现了"上天入海"：第一次离开地球，进入国际空间站，第一次抵达北极，第一次潜入世界最深的淡水湖——贝加尔湖底，整个火炬传递达到创纪录的6.5万千米。

2010年冬奥会开幕式圣火点燃

索契之后，冬奥会进入了"平昌周期"。2015年7月31日，北京获得了"接棒平昌"的荣耀。平昌誓将开启冬奥"新时空"，北京和张家口也承诺通过"纯洁的冰雪，激情的约会"

2014年冬奥会火炬在太空传递

带动3亿人参与冰雪运动。2018年至2022年，起源于欧洲蓝色文明的奥运会将接连在东方文化圈绚烂绽放，让我们热情参与，续写辉煌。

冰上驰骋与雪上飞舞
——冬奥会项目简介

在冬季奥运会这个美丽迷人的冰雪世界里，每一个项目都有自己独特的起源、发展历程和运动特点，并成就了一代又一代的冰雪英雄。迄今为止，出现在22届冬奥会竞技舞台上的比赛项目共7大项15分项98小项。按其特点可分为竞速类（更快）、技巧类（更高）和综合类（更强）。竞速类包括速度滑冰、短道速滑、越野滑雪、高山滑雪、雪车、雪橇等；技巧类包括花样滑冰、跳台滑雪、自由式滑雪、单板滑雪部分项目等；综合类包括冰球、冰壶、冬季两项、北欧两项等。

滑雪（Skiing）

滑雪项目在第1届冬奥会上即列为比赛项目，索契冬奥会设有越野滑雪、跳台滑雪、北欧两项、高山滑雪、自由式滑雪和单板滑雪6个分项。

● 越野滑雪（Cross Country Skiing）

越野滑雪起源于北欧，又称北欧滑雪，是世界上最古老的运动项目之一。俄罗斯考古发掘的绘画作品中，描绘了至少6000年前猎人脚踏木制滑雪板追逐驯鹿的场景。1843年，第一个平民越野滑雪比赛在挪威北部港口城市特罗姆瑟举行。

选手以滑雪板和滑雪杖为工具，在丘陵起伏的山地沿规定路线在雪上行进，用时最少者获胜。越野滑雪技术分为古典式和自由式两种，古典式技术

越野滑雪

要求运动员不得有任何侧蹬动作，自由式则没有限制。

　　越野滑雪场地，一般选择森林等线路多变地区，保证雪质、雪量，线路宽度达到4米~5米，雪面经过踏压，厚度至少10厘米。线路分为上坡、下坡和平地，各占全程三分之一。

　　越野滑雪1924年即列为第1届冬奥会比赛项目。索契冬奥会设有男女个人、接力、追逐和团体竞速等12小项。中国1980年首次参加冬奥会时就参加了越野滑雪项目。

● 跳台滑雪（Ski Jumping）

　　跳台滑雪起源于挪威，又称跳雪。相传由古时挪威统治者想出的一种处决犯人的刑罚演变而来。1860年，挪威德拉门地区的两位农民在奥斯陆举行的首届全国滑雪比赛上表演了跳台飞跃动作，后逐渐成为一个独立项目。19世纪末，先后传入瑞典、瑞士、美国、法国、意大利等国家。

　　跳台由出发台、助滑坡、着陆坡、停止区组成。选手脚绑专用雪板，从站台出发，由助滑坡下滑，以体重惯性沿自然抛物线在空中滑翔，落在着陆坡后自然滑行到停止区。选手起跳时瞬间时速可超过90千米。裁判员根据选手从台端到着陆坡的飞行距离和动作姿势评分，姿势分和距离分相加多者获胜。

跳台滑雪1924年即列为第1届冬奥会比赛项目，其中大台项目1964年正式进入冬奥会。现设有男女普通台、男女大台等4小项。

● 北欧两项（Nordic Combined）

北欧两项由越野滑雪和跳台滑雪组成，在挪威、瑞典流传很长时间，成为北欧的传统项目，又称北欧全能。

比赛分两天进行：第一天进行跳台滑雪，每人跳两次，以姿势分和距离分计算总成绩；第二天进行越野滑雪，跳台滑雪成绩最好的运动员第一个出发，其他运动员根据与第一名运动员的得分差换算成时间差，依次间隔出发，最后以运动员到达终点的顺序排列名次。

1924年第1届冬奥会设北欧两项男子个人赛，1988年冬奥会增设团体赛，2002年冬奥会又增设竞速赛。北欧两项对选手的身体素质和竞技技能要求非常全面，目前依然是北欧运动员在这个项目上优势突出。

● 高山滑雪（Alpine Skiing）

高山滑雪起源于阿尔卑斯山地区，又称阿尔卑斯滑雪。高山滑雪是在越野滑雪基础上逐步形成的，运动员手持滑雪杖，脚踏滑雪板，从高坡快速回转、降下，用时最少者获胜。

19世纪中叶，挪威人独创了旋转、侧滑、速降等滑雪技术。1890年奥地利人发明了适合阿尔卑斯山地区特点的短滑雪板及滑行技术。1907年英国成立阿尔卑斯滑雪俱乐部，这是世界上第一个高山滑雪组织。

高山滑雪运动是对运动员速度与技术的综合考验，分为速降、回转、大回转、超级大回转和全能项目。不同项目起点与终点的垂直高度差不同。

高山滑雪第一次出现在1936年冬奥会。1948年速降和回转比赛开始单独设项，大回转和超级大回转则分别在1952年和1988年进入冬奥会。

● 自由式滑雪（Freestyle Skiing）

自由式滑雪20世纪30年代始于挪威，因融入许多技巧动作，又称花样滑雪。由北欧传入美国后受到滑雪爱好者追捧。

选手以滑雪板和滑雪杖为工具，在专门的滑雪场上完成一系列规定和自选动作。与花样滑冰类似，都是根据表演的艺术效果和竞技水平给选手打分，它要求运动员有非常好的平衡能力和空中控制能力。

雪上技巧项目1992年列为冬奥会比赛项目。索契冬奥会设有男女空中技巧、雪上技巧、趣味追逐、U型池和障碍技巧等10个小项。中国运动员1994

自由式滑雪空中技巧

年开始参加冬奥会空中技巧项目比赛，韩晓鹏在2006年都灵冬奥会上夺得冠军，李妮娜在2006年和2010年两届冬奥会各获1枚银牌。

● 单板滑雪（Snow Board）

单板滑雪20世纪60年代中期始于美国，其产生与冲浪运动有关，又称冬季冲浪运动。80年代开始风靡美国，后传到欧洲。1983年在美国举行了国际单板滑雪赛，标志着单板滑雪成为独立的竞技运动项目。

选手用一个滑雪板而不是一双滑雪板，利用身体和双脚控制方向，完成各种高难度动作。1998年长野冬奥会设立男女大回转、U型池3个项目。2006年都灵冬奥会增设了单板越野，而障碍技巧则在索契冬奥会上才第一次出现。

作为一项年轻的运动项目，单板滑雪既有冲浪的自由洒脱，又有驰骋雪海的速度震撼。越来越多的年轻人被吸引，加入单板滑雪的队伍，腾跃在世界一个又一个具有挑战性的滑道上。

滑冰（Skating）

滑冰项目在第1届冬奥会上即列为比赛项目，2014年索契冬奥会设有速度滑冰、短道速滑、花样滑冰3个分项。

● 速度滑冰（Speed Skating）

速度滑冰简称速滑，是历史最悠久、开展最广泛的滑冰运动。早在13世纪，荷兰的河道上就出现了作为一种交通方式的速滑运动。1763年英国首次举办了15千米速度滑冰赛。1889年荷兰举办了首届世界速度滑冰冠军赛。

速滑是一项能让人不借助外力在平面上达到最快速度的体育项目，选手最快时速可超过60千米。比赛在400米的椭圆形冰道上进行，分内、外两道，

速度滑冰

道宽5米，其中内跑道的内圈半径25米，外跑道的内圈半径30米。比赛时每组2人，按逆时针方向滑行，每滑一圈交换一次内、外道。运动员要有较高的平衡能力和较强的腿部力量，才能做出合理的技术动作。

男、女速滑分别于1924年、1960年列为冬奥会比赛项目。索契冬奥会设男女个人和团体追逐共12个小项。中国运动员叶乔波在1992年冬奥会上获得女子500米、1000米两枚银牌。张虹在索契冬奥会上获得女子1000米冠军。

● 短道速滑（Short Track Speed Skating）

短道速滑19世纪80年代兴起于加拿大。当时加拿大修建了室内冰球场，一些速度滑冰爱好者常去练习，随之产生了室内速度滑冰比赛，而后逐渐在欧美国家广泛开展。

短道速滑赛场周长111.12米，弯道半径8米。比赛时多名选手同时出发，逆时针滑行，内道选手起跑时会占优势，因此第一轮的出发位置由抽签决定，

而后轮次根据成绩由内向外分配道次。虽然规则要求滑行过程可随时超越对手，但超越非常困难，比赛中经常会出现摔倒或撞倒别人的现象，可能导致相当数量的申诉和取消资格。这也是短道速滑的竞技魅力。

短道速滑1988年冬奥会列为表演项目，1992年冬奥会上成为正式比赛项目，但只设2小项。索契冬奥会设男女个人和接力共8小项。中国短道速滑项目具有一定竞争力，在已获得的53枚冬奥会奖牌中，短道速滑项目斩获最多，达到30枚。

● 花样滑冰（Figure Skating）

花样滑冰起源于18世纪的英国。当时举行的花样滑冰比赛是所谓的"英式风格"，古板又正式，和现代花样滑冰相去甚远。1863年，被誉为"现代

花样滑冰双人滑

花滑之父"的美国芭蕾舞表演艺术家杰克逊·海因斯在欧洲巡回表演。他将滑冰运动与舞蹈艺术融为一体，音乐被带到了冰上，芭蕾被加入了舞步，让观众如痴如醉。1872年，奥地利首次举办了花样滑冰比赛。

花样滑冰包含男女单人、双人、冰上舞蹈和团体赛5个项目。跳跃、旋转、托举、步法及转体、燕式步是花样滑冰的关键技术动作。在音乐伴奏下，选手在冰面上滑行，表演各种技巧和舞蹈动作，裁判员根据选手的动作和艺术表现力打分，决定名次。

花样滑冰单人滑和双人滑曾出现在1908年奥运会上，第1届冬奥会开始列为比赛项目；冰舞1976年进入冬奥会；2014年索契冬奥会又增设了花样滑冰团体赛。

花样滑冰是中国最早参加冬奥会的项目之一。2010年，"冰上伉俪"申雪、赵宏博在3次获得世锦赛冠军后，终于登上温哥华冬奥会的最高领奖台。

冰上舞蹈起源于花样滑冰，偏重舞步，强调用动作表达音乐。由一男一女配对参赛，与双人滑的主要区别在于：冰舞的技术动作不包括跳跃和旋转，托举不能过肩。2010年之前，冰舞比赛按规定舞、创编舞、自由舞顺序进行；之后则取消了规定舞。

冰球 (Ice Hockey)

冰球起源于加拿大，又称冰上曲棍球，1858年传至欧洲，是一种对抗性很强的集体冰上运动。

比赛时每队上场6人，前锋3人，后卫2人，守门员1人，换人不受限制。运动员脚穿冰鞋，手持

冰球

曲棍，按照规则运用滑行、运球、传球、射球、身体阻截等技术相互攻守，力争将球攻入对方球门，进球多者获胜。运动员多变的滑冰技巧和娴熟的曲棍球技艺给观众带来力与美的享受。

男子冰球在1920年安特卫普奥运会和1924年夏蒙尼冬奥会上均列为比赛项目。女子冰球则是1998年长野冬奥会才列为比赛项目。中国冰球女队参加了此次冬奥会比赛，并获得第4名，这也是历史最好成绩。

冰壶（Curling）

冰壶又称掷冰壶、冰上溜石壶，是以队为单位在冰上进行的一种以推、掷动作为主的竞技运动。14世纪起源于苏格兰，最初是苏格兰人冬季在池塘或河堤内进行的一种类似地滚球的游戏。目前世界上制造优质冰壶所用的天然花岗岩均产自苏格兰近海的一个小岛，苏格兰人掌握着制作世界顶尖冰壶的技术。

每场比赛两队参加，每队4人，共赛10局，每局投掷两次。比赛时各队按一垒队员、二垒队员、三垒队员和主力队员的顺序，向对方交替投掷石壶，

冰壶

以石壶距离对方营垒圆心的远近积分，近者得分，每石1分，积分多者获胜。有人把冰壶称作"冰上国际象棋"，这一比喻很好地体现了冰壶运动对运动员智慧的要求。

　　冰壶运动在第1届冬奥会上列为表演项目，直到1998冬奥会才成为正式比赛项目。2000年，中国哈尔滨成立第一支冰壶队。中国女子冰壶队2009年夺得世锦赛冠军，2010年冬奥会夺得铜牌。

雪车（Bobsleigh）

2014年索契冬奥会设雪车、钢架雪车2个分项。

● 雪车（Bobsleigh）

　　雪车是一种集体乘坐雪橇，利用舵和方向盘控制，在人工冰道上滑行的运动。起源于瑞士，又称有舵雪橇，由无舵雪橇发展而来。

　　雪车用金属制成，形如小舟，车首覆有流线型罩。车底前部是与方向盘

雪车

相接的一对舵板，车底后部为一对固定平行滑板，车尾装有制动器。滑道全长1500米，途中设有15～20个弯道，运动员利用操纵舵和方向盘控制雪橇沿槽状滑道快速滑降。每赛滑行4次，累计用时计算成绩，时间少者获胜。如两队时间总和相等，则单圈用时最少的队获胜。

　　1924年，男子四人赛列为冬奥会比赛项目，1932年和2002年，男女双人赛分别进入冬奥会。

● 钢架雪车（Skeleton）

　　钢架雪车又称俯式冰橇。19世纪起源于瑞士圣莫里茨。

　　钢架雪车与雪车使用相同的赛道，但滑行姿势不同，雪车选手仰躺在雪车上，脚在前头朝后，而钢架雪车则是选手俯卧在雪车上，头朝前脚在后。钢架雪车比赛需要选手在同一天内滑行2轮，成绩相加排列名次，用时最少者获胜。滑行最高时速可达140千米，比赛时间精确到0.01秒。如果选手成绩相同，名次可以并列。

　　1928年和1948年圣莫里茨两次举办冬奥会时，均将钢架雪车列为比赛项目，之后取消。2002年冬奥会上钢架雪车再度成为冬奥会比赛项目。

雪橇（Luge）

　　雪橇又称无舵雪橇，是一种坐或卧在雪橇上，单手握住雪橇皮带，通过变换身体姿势来操纵雪橇高速回转滑降的运动。起源于古代雪上的一种交通工具和游戏形式。

　　雪橇滑行路线呈左右弯道和S形弯道，男子冰道长1000米，女子冰道长800米，坡度4度～6度，单人座滑行4轮，双人座滑行2轮，用时最少者获胜。比赛平均时速为90米～100千米，最高时速可达150千米。

　　1964年冬季奥运会列为正式比赛项目。索契冬奥会设有男女单人、男子双人和团体接力4个小项。

雪橇

冬季两项（Biathlon）

冬季两项是越野滑雪和射击相结合的运动，起源于斯堪的纳维亚半岛，由远古时代的滑雪狩猎演变而来。中世纪开始纳入军事训练科目。1767年挪威边防军滑雪巡逻队举行了滑雪射击比赛，这是世界上最早的冬季两项比赛。后逐渐在欧美国家开展，成为一种体育运动项目。

比赛时，选手脚踏滑雪板，手持滑雪杖，身背专用小口径步枪，沿标记的滑道，按正确的方向和顺序滑完预定的全程。每滑行一段距离进行一次射击，最先到达终点者即为优胜。

冬季两项运动协会1993年成立时归属国际现代五项联合会，曾是冬奥会项目中唯一由夏季运动联合会管理的项目。1998年，国际冬季两项联合会从国际现代五项联合会中独立出来。冬季两项在1924年列为第1届冬奥会表演项目，1960年冬奥会成为正式比赛项目，并定名为"冬季两项"。2014年索契冬奥会设男女个人、接力、追逐及混合赛等11小项。

冬季两项

祝贺中国北京申奥成

中华儿女的百年奥运情怀 *03*

When will China win a place at the Olympic Games?

When will China be able to send a winning team?

Then, When will China be able to invite the Alternate Olympic Games to China?

——Tientsin Annual Report 1907-1908

扣人心弦的奥运三问

——中国百年奥运之路

让历经百年沧桑的现代奥运会来到拥有五千年悠久历史的中华大地，是几代中国人的梦想。为了参加和举办奥运会，实现奥林匹克理想，中国人民进行了100年的不懈努力。

中国人的三个梦想

追溯中国与奥林匹克运动的最早联系，广为流传的说法是在1896年第1届奥运会前夕。据说当时的清政府曾接到希腊王储和现代奥运会发起人顾拜旦代表国际奥委会发出的邀请，但由于对奥运会不了解而未作答复。

实际上，这一说法迄今查无实据。一方面，现代奥林匹克运动兴起之初，并不像今天这样具有如此的普及性和全球性；另一方面，当时的中国正处于动荡和变革中，现代体育刚刚起步，也没有成立全国性的体育组织。所以说，中国与早期的奥运会并没有多少联系。

1900年，中国有商人参加了在法国巴黎举办的世界博览会。当时的奥运会属于世界博览会的一部分，这或许为中国人近距离了解奥运会提供了机遇。

从1904年起，中国一些报刊才开始报道在美国圣路易斯举行的第3届奥运会的消息。此后，"奥林匹克"的概念逐渐为更多人所了解。1907年10月，著名教育家、南开大学创始人张伯苓在一次演讲中提出，中国应加紧准备，争取早日参加奥运会。

1908年第4届伦敦奥运会后，致力于在中国推广竞技体育的天津中华基督教青年会在其英文版年度报告中提出了3个问题：中国什么时候能在奥运会上赢得一席之地？中国什么时候能派一支胜利之师参加奥运会？中国什么时候能邀请奥运会来到中国？三个问号，如三声长长的叹息。

1910年10月，上海中华基督教青年会在南京发起举办了"全国学校区分队第一次体育同盟会"。这是奥林匹克运动在中国结出的第一个硕果，辛亥革命后被追认为第1届全国运动会。运动会开幕前3个月，组织者在《申报》上刊登了一份通告，提出"泰西各国每四年必举行万国运动大会，各国均派代表预赛。惟中国未与其列，可耻孰甚？"接着又一口气提出了3个问题："试问中国何时能派代表赴万国运动大会？何时能于万国运动大会时独得锦标？又何时能使万国运动大会举行于中土？""万国运动大会"是当时中国人对奥运会的称呼。掷地有声的"奥运三问"，表达了急剧变革的中国渴望融入世界的心声，激励着中国人开始了百年圆梦的旅程。

1911年，中国发起成立了远东奥林匹克委员会，并于1913年2月在菲律宾马尼拉举办了第1届远东奥林匹克运动会。这是国际上最早出现的综合性大洲比赛。1920年，远东奥委会和远东奥运会获得国际奥委会正式承认，并按其规定，更名为远东体育协会和远东运动会。到1934年，远东运动会共办了10届，其中有3届在上海举行。中国因此成为推动奥林匹克运动在亚洲发展的先驱。

中国早年的奥运历程

中国与国际奥委会建立直接联系是在1922年。这年4月，中华业余运动联合会筹建成立。同年，在巴黎举行的国际奥委会第21次全会选举该会主席、历届远东运动会赞助人王正廷为国际奥委会委员。这是中国参与现代奥林匹克运动的重要里程碑。

1924年8月，中华全国体育协进会正式成立，这是中国第一个全国性

继王正廷之后，中国有孔祥熙、董守义、徐亨（中华台北）、何振梁、吴经国（中华台北）、吕圣荣、霍震霆（中国香港）、于再清、杨扬、李玲蔚10人先后当选国际奥委会委员。

短跑名将刘长春

的体育组织。该会取代了原中华业余运动联合会的职能，但仍沿用其英文名称（China National Amateur Athletic Federation）。在当年举行的第8届巴黎奥运会上，该会派出3名网球运动员参加了表演赛。

1927年以后，中华全国体育协进会陆续加入了田径、游泳、体操、网球、举重、拳击、足球、篮球8个国际单项体育联合会。1928年，第9届奥运会在荷兰阿姆斯特丹举行，国际奥委会邀请中国派团参赛，但因条件所限，中华全国体育协进会只派出了体育干事宋如海作为观察员出席。宋如海回国后撰写了《我能比呀——世界运动会丛录》一书。这是中国第一部关于奥运会的专著。

1931年，中华全国体育协进会被国际奥委会确认为"中国奥林匹克委员会"。由此，古老的东方大国正式成为国际奥林匹克大家庭的一员，实现了中国在奥运会占有一席之地的愿望。

1932年到1948年，因二战的影响和破坏，奥运会实际举办了3届，而中国也因此留下了3次充满艰辛和悲壮的奥运之旅。

1932年，中国派出了一个3人代表团赴美国洛杉矶参加第10届奥运会，代表团中仅1名运动员，他就是短跑名将刘长春。因旅途遥远，又缺少科学的赛前训练，刘长春在100米、200米预赛中均告失利。这次奥运之行是对日本操纵下的"伪满洲国"妄图参加奥运会的回击，一开始就充满了爱国主义的悲情色彩。尽管未能获得奖牌，但刘长春作为第一个正式参加奥运会比赛的中国人，为中国参与奥林匹克运动迈出了历史性的一步。

1936年德国柏林奥运会，共有69名中国运动员参加比赛，这比起刘长春的"单刀赴会"是一个很大的进步。只是同样因为长途跋涉和条件艰苦，所有选手在各项比赛中无一出线。唯一的收获是，随队前往的武术表演团向世界展示了"中国功夫"的独特魅力，受到了各国的欢迎和赞赏。

时隔12年后，第14届奥运会在伦敦举行。中国派出了33名运动员参加了篮球、足球、田径、游泳和自行车共5个项目的比赛，仍未能取得名次。经费紧缺是这次奥运之旅的最大问题。奥运会结束后，许多运动员流落异乡，在当地华侨的捐助下才得以回国。旧中国参加的最后一届奥运会在惨淡中落幕。

当初的3个奥运梦想，至此才算实现了一个半，因为我们在奥运赛场上还没有看到一支胜利的中国之师，在中国举办奥运会更是遥遥无期。

两岸奥运之路的风风雨雨

1949年，随着一个崭新时代的开启，中国体育事业迈上了一个快速发展的阶段。但此后30年间，中国参与奥林匹克运动的历程仍旧一波三折，与国际奥委会的联系也曾一度中断。

1949年10月，中华全国体育总会在原中华全国体育协进会的基础上改组成立，并声明对外行使中国奥委会的职能，获得了国际奥委会的承认，台湾方面因而退出1952年赫尔辛基奥运会。但因为是在奥运会开幕前一天才收到邀请，当新中国体育代表团一行40人抵达赫尔辛基时，比赛已接近尾声。只有吴传玉一人参加了100米仰泳预赛。

在1956年墨尔本奥运会来临之前，国际奥委会基于推广奥林匹克运动的考量，继续承认大陆和台湾两个"中国奥委会"，并规定两个代表团一个使用"中国奥委会（北京）"、一个使用"中国奥委会（台湾）"加以区分。这种做法迫使新中国解散了已经组建的体育代表团。1958年，基于同样的原因，新中国中断了与国际奥委会的联系，退出了国际单项体育联合会，体育官员董守义也辞去了国际奥委会委员职务。此后二十年，世界竞技体育舞台上缺少了中国运动员的身影，这对奥林匹克运动和中国体育事业的发展来说，不能不说是一种难以弥补的缺憾。

1956年到1979年，台湾方面派出选手参加了5届奥运会和2届冬奥会，并结束了中国奥运之行空手而归的历史。杨传广在1960年罗马奥运会上获得男子十项全能银牌，成为第一位获得奥运会奖牌的中国运动员。在1968年墨西哥城奥运会上，纪政获得80米栏铜牌，成为第一位获得奥运会奖牌的中国女子运动员。

随着1971年中国恢复在联合国的席位，1974年开始参加亚运会，1979年提出"一国两制"构想，国际国内形势为中国重返奥林匹克大家庭创造了有利条件。国际社会也逐渐意识到，拥有世界上最多人口的中国缺席奥运会，是奥林匹克运动的一大损失。

经过多方努力，1979年11月，国际奥委会以通信表决方式通过了"名古屋决议"。该决议确认设在北京的奥委会为"中国奥委会"，使用中华人民共和国国旗和国歌；设在台北的奥委会作为中国的一个地方性体育组织，在改变会旗、会徽、会歌的条件下，用"中华台北奥委会"的名称留在国际奥委会内。这一模式实现了多方共赢，成为中国全面登上国际体坛的新起点。

奥运舞台上的新风采

1979年至今，除1980年在苏联举行的第22届奥运会没有成行外，中国总共参加了10届奥运会和10届冬奥会，取得了令世界瞩目的战绩。

1984年洛杉矶奥运会是中国重返奥运会的第一次郑重亮相。相比于当年刘长春赴洛杉矶的形单影只，这次中国派出225名运动员组成的庞大队伍。比赛第一天，许海峰鸣枪开道，实现了中国奥运金牌"零突破"。在这届奥运会上，中国选手共获得15枚金牌、8枚银牌、9枚铜牌，轰动了国际体坛。

洛杉矶奥运会开创了中国奥林匹克运动的新纪元。此后，中国在国际奥林匹克运动舞台上逐渐展现出自己的实力和重要地位。在强手如林的1988年汉城奥运会上，中国在和东西方体育强国的全面较量中仍获得32枚奖牌，展现了一定的实力。在1992年巴塞罗那和1996年亚特兰大奥运会上，中国均获得超过50枚奖牌而跻身奖牌榜第4位。世纪之交的2000年，在悉尼奥运会上，中国则以金牌28枚和奖牌总数59枚的战绩第一次位列世界3强。仅9月22日中国代表团就进账6金、3银、1铜，这一天被媒体称为"中国日"。

萨马兰奇为中国首位奥运冠军
许海峰颁奖

　　到2000年，中国运动员参加奥运会的项目已占到奥运会所设总项目数的55%，其中在12个项目上获得过金牌，并形成了以乒乓球、羽毛球、跳水、体操、射击、举重和柔道7大项目为核心的传统优势竞技体育项目。

　　进入21世纪，中国奥运接连丰收，不仅在2002年的盐湖城获得了首枚冬奥会金牌，更在2004年雅典"奥运回家"之旅中取得了空前出色的战绩：32枚金牌、63枚奖牌数量超过以往任何一届奥运会，夺金点在26个大项中分布更为均匀。在这届奥运会上，顽强拼搏的中华台北运动员获得了首枚奥运金牌；中国香港在回归后的奥运之旅中首次获得了奖牌。

　　这一次次奥运旅程，不仅向世界展现了中国改革开放带来的稳定和繁荣，也让世界见证了正在崛起的东方体育大国的实力和风采，更点燃了中国人民申办和举办奥运会的激情和梦想。

热情拥抱奥林匹克

——中国申奥之旅

　　改革开放后的中国俨然已是奥运竞技场上的一支雄壮之师，全面参与国际奥林匹克事务，发展奥林匹克运动。回响百年的"奥运三问"至此已然实现了两个，但"中国什么时候能邀请奥运会来到中国"的叩问始终让无数的人们魂牵梦萦，并为此做出了不懈的努力。

　　从1991年到2015年，中国先后6次申办奥运赛事，结果是3次抱憾而回，3次如愿以偿。

两票之差：北京无缘举办2000年奥运会

　　1990年，象征亚洲人民"团结、友谊、进步"的第11届亚运会在北京

举行。这次40年亚运史上规模最大的盛会，取得
了空前的成功。精彩的开幕式和高水平的组织工
作让国际奥委会主席萨马兰奇赞不绝口。亚运会
闭幕式上，群情激昂的大学生打出了"亚运成功，
众盼奥运"的标语。

北京2000年奥运会申办标志

　　在亚运会开幕前，年逾八旬的邓小平视察了
亚运村。他环视眼前宏伟的建筑群，语气坚定地
说："建设了这样的体育设施，如果不办奥运会，
就等于浪费了一半。"他还关切地问时任国家体委
主任的伍绍祖："办了亚运会，还要办奥运会，你
们下决心了没有？"亚运会开幕当天，时任中国
国家主席杨尚昆在会见萨马兰奇时，也表达了中
国申办2000年奥运会的愿望。

　　亚运会结束后，一份报送中南海的请示，拉
开了北京申办2000年奥运会的序幕。这份由北京
市会同原国家体委、外交部、财政部共同签署的
文件提出，北京应立即着手申办奥运会的准备工
作。国务院很快批准了这一申请。

　　1991年3月18日，北京2000年奥运会申办委员
会成立（以下简称"北京奥申委"），随后推出了
以变形的"北京"二字绘成的天坛祈年殿为主图
案的申奥标志。12月4日，北京奥申委将申请书正
式递交到国际奥委会。

北京2008年奥运会申办标志

　　1992年4月16日，北京和柏林、巴西利亚、伊

斯坦布尔、曼彻斯特、米兰、悉尼一起被国际奥委会确定为第27届奥运会候选城市。这一年，北京奥申委在"开放的中国盼奥运"主题口号的引领下，利用国际奥林匹克大家庭相关会议和重大赛事的机会，做了一系列的宣传联络工作；接待了30名国际奥委会委员，邀请了25个国际单项体育联合会主席或秘书长到北京考察访问。北京市和全国各族人民也以高度的爱国热忱和积极的参与精神，开展了丰富多彩的申奥支持活动。

1993年1月11日，北京奥申委向国际奥委会递交了描绘申奥蓝图的《申办报告》。3月6日至8日，以国际奥委会委员贡纳尔·埃里克松为团长的国际奥委会评估委员会一行12人考察北京。

随着一些城市放弃申办，北京、柏林、伊斯坦布尔、曼彻斯特和悉尼5个候选城市参加了最后的角逐。1993年9月23日，国际奥委会第101次全会在蒙特卡洛举行，时任国务院副总理李岚清率领北京申办城市代表团代表中国和北京向全会陈述。在当晚进行的投票中，一路领先的北京在第4轮以2票之差，与2000年奥运会举办权擦肩而过。

2000年奥运会主办城市遴选投票结果

城市	国家	第1轮	第2轮	第3轮	第4轮
北京	中国	32	37	40	43
悉尼	澳大利亚	30	30	37	45
曼彻斯特	英国	11	13	11	—
柏林	德国	9	9	—	—
伊斯坦布尔	土耳其	7	—	—	—

北京初试锋芒，虽然不无遗憾，但申办工作所积累的经验和2票之差所显示的潜力，更让人们信心倍增。它让世界看到了改革开放后的北京和中国所发生的巨大变化，让世界感受到了中国人民对奥林匹克运动的热情和诚意。

"花落自有花开日，蓄芳待来年。"

百年圆梦：北京成功申办2008年奥运会

1998年11月，经过5年的快速发展，北京又一次蓄力勃发，迈出了申办2008年奥运会的步伐。

1999年1月6日，中国奥委会通过了北京市申办第29届奥运会的申请。4月7日，北京市向国际奥委会递交了申请书。9月6日，经国务院批准，北京2008年奥运会申办委员会宣告成立，117名工作人员陆续加盟到申办团队中来。成立当天就启动了申办会徽、口号的征集工作。

2000年2月1日，北京奥申委通过决定，"五色如意"图案成为北京的申办标志，"新北京，新奥运"成为申办主题口号。"五色如意"既形似传统的中国结，又像一个打太极拳的人形，如行云流水，充满动感。主题口号既突出了北京将借力奥运获得新的发展，也表明了北京将助力奥运写下新的篇章，以一个"新"字赋予了北京和奥运会丰富的内涵。

这一次申办过程中，"盐湖城丑闻"石破天惊，将国际奥委会推上了各方指责的风口浪尖。国际奥委会在萨马兰奇的主导下查处了一批委员，并在新千年来临之际，对奥运会申办机制和程序进行了重大改革。从遴选2008年奥运会主办城市开始，增加一个由执委会审定候选城市资格的新程序，同时禁止委员到申办城市参观访问。

《北京2008年奥运会申办报告》（1—3卷）封面

根据新规则，2000年6月19日，北京奥申委赴洛桑递交了《对国际奥委会调查问卷的答复》，就国际奥委会关心的6大方面22个问题进行了回答。一同递交报告的还有曼谷、伊斯坦布尔、吉隆坡、哈瓦那、开罗、大阪、巴黎、塞维利亚和多伦多9个城市。8月28日，国际奥委会执委会经过投票，宣布北京同巴黎、大阪、多伦多和伊斯坦布尔一道，成为2008年奥运会候选城市。

10月至12月，北京奥申委接受了28个国际单项体育联合会的场地技术考察和确认，并向国际奥委会执委会全面陈述了对2008年奥运会的构想、条件

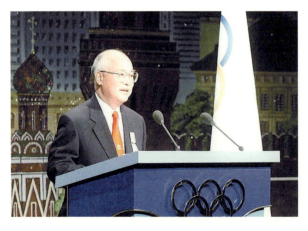

何振梁在国际奥委会第112次全会上的申办陈述

和能力。扎实的工作、令人振奋的规划及超过95%的公众支持率，使北京在强手如林的竞争者中脱颖而出。悉尼奥运会上，中国选手在竞赛和道德风尚方面的出色表现，也为北京申办加分不少。

2001年1月17日，北京奥申委将《申办报告》按期送到国际奥委会。2月21日至24日，由国际奥委会委员、国际自行车联合会主席海因·维尔布鲁根率领的国际奥委会评估委员会对北京进行了为期4天的考察。5月15日，评估委员会发布了对5个候选城市的评估报告，给予了近乎完美的评价："评估委员会确信，北京能够举办一届出色的奥运会"，并"将给中国和世界体育留下独一无二的遗产"。

2001年7月13日，中国人会永远记住这个伟大的日子。国际奥委会第112次全会在莫斯科开幕，北京候选城市代表团李岚清、刘淇、袁伟民、楼大鹏、王伟、邓亚萍和杨凌、杨澜、何振梁9位陈述人向全会陈述。中国奥运的功勋人物、时任国际奥委会副主席何振梁主持了整场陈述，最后向他的国际奥委会同事们发表了令人动容的演讲："无论你们今天做出什么样的选择，都将载入史册。但是只有一种决定可以创造历史。""如果你们把举办2008年奥运会的荣誉授予北京，我可以向你们保证，7年之后，北京将让你们为今天的决定而自豪。"

随后进行的投票终于没有让满怀期待的中国人失望，北京在第2轮投票中即以56票的绝对优势胜出。当萨马兰奇宣布"北京"的话音还没落地，热烈的欢呼声在瞬间爆发，随即传遍世界各地，沸腾了整个中国。上百万人涌向天安门广场，载歌载舞度过了一个不眠之夜。

从1908年到2008年，整整100年，中国人关于奥运的3个梦想终于圆满落地，奥林匹克运动史上的一个巅峰时代也随之开启。

2008年奥运会主办城市遴选投票结果

城市	国家	第1轮	第2轮
北京	中国	44	56
多伦多	加拿大	20	22
伊斯坦布尔	土耳其	17	9
巴黎	法国	15	18
大阪	日本	6	—

北京2008年奥运会申办成功后，人们涌向天安门广场庆祝

哈尔滨国际冰雪节

两度未果：哈尔滨申办2010年冬奥会和2012年冬青奥会

哈尔滨是黑龙江省省会，地处东北亚中心地带，是一个与冰雪相伴、相生、相长的城市，素有"北国冰城"之称。其冰雕雪塑闻名遐迩，始于1985年的哈尔滨国际冰雪节至今已举办32届，与日本札幌冰雪节、加拿大魁北克冬季狂欢节和挪威奥斯陆滑雪节并称世界四大冰雪节。

坚冰厚雪为哈尔滨发展冬季运动提供了得天独厚的资源，它现在拥有国内最大的亚布力滑雪场和最密集的冰雪运动场馆。中国举办的13届全国冬运会中，5届落户哈尔滨。中国获得奖牌的冰雪运动员，相当一部分来自哈尔滨。

哈尔滨在1996年和2009年成功举办了第3届亚洲冬季运动会和第24届世界大学生冬季运动会。国际三大冬季运动会中，唯独没有举办过冬奥会。

2000年7月，哈尔滨市开始研究申办2010年冬奥会的可行性。北京申奥成功后，黑龙江省就申办事宜与中国奥委会磋商，得到了支持与认可。

2002年1月29日，国际奥委会宣布，哈尔滨由中国奥委会推荐为2010年冬奥会申办城市。与哈尔滨同台竞争的还有加拿大温哥华、瑞士伯尔尼、波黑萨拉热窝、韩国江原道、奥地利萨尔茨堡、西班牙哈卡和安道尔的安道尔市7个城市。同年2月，哈尔滨冬奥申委代表团前往美国盐湖城观摩了第19届冬奥会。

2002年3月21日，哈尔滨市向社会各界广泛征集申办标志，最终确定以市花"丁香花"作为申奥标志。5月30日，哈尔滨冬奥申委向国际奥委会递交了申办文件。8月14日，同为哈尔滨人的冬奥会冠军杨扬与申雪、赵宏博等成为申办形象大使。

2002年8月28日，国际奥委会公布了对各申办城市的评分结果，8个城市中哈尔滨名列第5位，未能入围候选城市。这场角逐中，温哥华笑到了最后。

哈尔滨止步第2轮，固然有纬度高、气温低、雪上场地单一、组织经验缺乏等客观因素，北京刚刚赢得2008年奥运会主办权也是一个重要的潜在原因。

尽管路途曲折，但哈尔滨在追梦奥运的道路上依然不改初心。

2007年，国际奥委会决定创立青奥会和冬青奥会。哈尔滨立即投入到申办2012年第1届冬青奥会的准备工作中。

2008年8月2日，北京奥运会开幕前夕，国际奥委会确认了哈尔滨及奥地利因斯布鲁克、芬兰库奥皮奥和挪威利勒哈默尔的申办城市资格。随后一个工作组对4个城市的申办文件进行了研究评估。11月3日，国际奥委会执委会根据评估报告选择因斯布鲁克和库奥皮奥成为首届冬青奥会候选城市。在后来以通信方式进行的投票中，因斯布鲁克最终胜出。哈尔滨无缘冬青奥会，再次与奥林匹克失之交臂。

2009年9月，2018年冬奥会的申办程序如期启动，哈尔滨与长春都向中国奥委会提出了申办意向。考虑到北京奥运会刚刚落幕，南京正在申办2014

年青奥会，多线作战影响南京申办；此外，连续三次申办冬奥会的韩国平昌呼声很高，中国城市参与申办冬奥会胜出希望渺茫。中国奥委会因而没有批准两个城市的申办计划。

与青奥共成长：南京成功申办2014年青奥会

2010年2月11日，在温哥华召开的国际奥委会第122次全会上，南京以47：42胜过波兰波兹南，获得了2014年青年奥运会主办权。

南京，是江苏省省会，华东重要的中心城市，北倚钟山，怀抱长江，曾为十朝都会，现在则是一座充满生机活力、独具文化魅力的现代化城市。

2009年4月1日，南京向国际奥委会提交申请书，向青奥会抛出了橄榄枝，一同竞争的还有波兰波兹南和墨西哥瓜达拉哈拉。4月14日，南京2014年青奥会申办委员会成立，许多曾在北京奥组委、奥申委及国际体育组织任职的专业人士加盟申办团队。

8月27日，南京如期向国际奥委会提交了《申办报告》和相关文件。这份报告至关重要，被喻为"叩开青奥会大门的第一把钥匙"。从9月开始，南京以"第一才能赢"的精神，推动申办青奥进入全民动员阶段。

10月27日，南京完成青奥会财务预算报告。在国际金融危机面前，中国经济保持稳定高速发展，是南京的一大筹码。2009年，南京GDP仍然保持两位数的增长，

哈尔滨2010年冬奥会申办标志

南京2014年青奥会申办标志

这令国际奥委会刮目相看。

12月1日，由国际奥委会评估委员会主持召开的南京申办2014年青奥会视频会议召开。这个会议相当于一次论文答辩，国际奥委会的官员与南京青奥申委通过视频进行对话。从事后反馈的信息看，南京的出色表现赢得多方赞誉。

12月14日，国际奥委会确认3个申办城市进入投票阶段。国际奥委会发布的评估报告中，南京以低风险获得青睐，另两个城市则在财务担保或赤字上存在一定风险。在最后50天冲刺阶段，南京发布了申办标志和主题口号，"与青奥共成长"激励南京一方面做好最后陈述的各项准备，一方面继续做好全社会动员。在申办之初，不少市民不清楚"青奥会是什么"，一年之后，97.35%的市民对这次申办投出了赞成票。

2010年2月11日，谜底在温哥华揭开，时任国际奥委会主席罗格宣布：2014年青奥会主办城市是——南京！

青奥选择南京，最主要的原因是世界看好中国。2013年11月，距南京青奥会开幕还有9个月之际，北京携手张家口踏上了申办2022年冬奥会的征程，相同的原因让京张获得了同样的成功。

无与伦比的巅峰

——北京2008年奥运会

2008年8月8日，当体操王子李宁腾空飞翔，点燃"鸟巢"上空的主火炬时，全场沸腾了，绚丽的焰火腾空而起，现代奥林匹克运动和创造了五千年灿烂文明的东方古国终于紧紧相拥。

北京2008年奥运会开幕式上，
李宁点燃主火炬

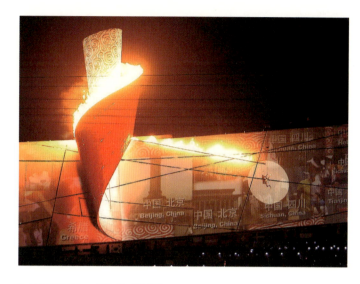

中国元素　融合世界

　　北京奥运会融合中国传统文化，创造了富有中国风格的奥运文化景观。

　　"绿色奥运，科技奥运，人文奥运"，作为奥运史上的首倡，踏着可持续发展的时代步调，成为北京奥运会的申办理念和筹办行动。运用科技的手段，追求绿色的效果，达到人文的目的，在北京奥运的任何一项建设、任何一项行动中，人们都看到三大理念的闪光。三大理念交融，共同奠定了北京奥运会"有特色、高水平"的坚实基础。

　　尽管人类肤色不同、语言不同、种族不同，但我们同属一个世界，拥有追求美好未来的共同愿望，这就是北京奥运会和残奥会口号"同一个世界，同一个梦想"的题中之义。它体现了友谊、团结、公平竞争的奥林匹克精神。

　　同申办标志"五色如意"一样，奥运会会徽"中国印·舞动的北京"也体现了奥运精神与中国文化的完美结合。它将中国传统的肖形印、中国字和奥运五环有机结合，幻化成一个向前奔跑、舞动着迎接胜利的运动人形，表达了北京热情地张开臂膀欢迎各国朋友的到来，颇具传统文化的神韵。体育

北京2008年奥运会会徽

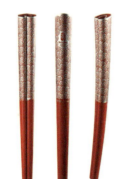

北京2008年奥运会火炬

北京2008年奥运会吉祥物

图标"篆书之美",巧妙地融合汉字书法与现代竞技项目的特点,中华元素在奥林匹克的文化长廊里闪现出独特魅力。

欢呼跃动的奥运五福娃——贝贝、晶晶、欢欢、迎迎、妮妮,名字连在一起,你就会读出北京对世界的盛情邀请——北京欢迎你!福娃们带着北京的盛情,将祝福带往世界各个角落,邀请各国人民共聚北京,欢庆2008奥运盛典。

点燃激情　传递梦想

火,不仅带给人类光明,更带来进步和文明。奥运圣火因此而始。

1936年开始,每届奥运会都会诞生一支具有主办地文化特色的火炬。北京奥运会火炬的造型为中国传统的纸卷轴,上面绘有象征"渊源共生、和谐共融"的传统祥云图案,故名"祥云"。

2008年3月24日,北京奥运会圣火在奥林匹亚赫拉神庙点燃。"祥云"载着圣火,从希腊开始了奥运史上传递路程最长、覆盖地区最广、参与人数最多的"和谐之旅",二万多名火炬手心手相传,点燃奥运激情,播撒和谐之光。

4月13日,奥运圣火登陆非洲坦桑尼亚,第一次将奥林匹克精神传遍了五大洲。5月8日,"祥云"火炬成功登顶珠穆朗玛峰,奥运圣火第一次

北京2008年奥运会火炬登顶珠穆朗玛峰

在世界最高峰上熊熊燃烧，到达了一个前所未有的高度。

　　8月8日，从赫拉神庙前采集的太阳之光，跨过五大洲四大洋的千山万水，960万平方千米的神州大地，历经130天、13.7万千米、135个城市之后，终于来到北京，来到"鸟巢"，来到奥运会主火炬的面前。

北京之夜　全球同欢

　　8月8日晚8时，"鸟巢"主会场，八十多个国家的政要，204个奥运大家庭成员，16000名运动员和教练员，10万名现场观众，数十亿电视观众；东方和西方，中国和世界，一起凝视着，一起见证着，一幅气势恢宏的"中国画卷"徐徐展开。

　　在悠扬古朴的古琴声中，上古至先秦的文化符号在画卷上流淌。在行云流水般的变幻中，"孔子周游列国"的诵读情境、"活字印刷版"的文化意象、"丝绸之路"的大漠风情、"郑和下西洋"的壮丽景观、中华礼乐的盛大气象、当代中国的时代风貌，依次演绎。

中国人用纸——这个文明传承的重要载体、古代中国的伟大发明——将各种体现中国文化的元素一一再现。世界呼吸到五千年中华文化的悠远气息，准确无误地触摸到21世纪的中国胸怀。

入场的无数运动员把足迹留在中国画卷上，长卷变成了色彩斑斓的大地。烟花辉映着29个大脚印沿中轴线一步步走向主会场，在"鸟巢"上空聚拢成星光闪烁的奥运五环。

当蔚蓝星球上中外歌者吟唱的主题歌《我和你》缓缓响起，一幅画卷沿"空中跑道"伸向火炬塔，本届奥运会开幕式最大的悬念终于揭晓。

腾空飞翔的李宁，举着圣火，如太空行走般沿"鸟巢"边缘奔跑。他轻

北京2008年奥运会开幕式——"中国画卷"

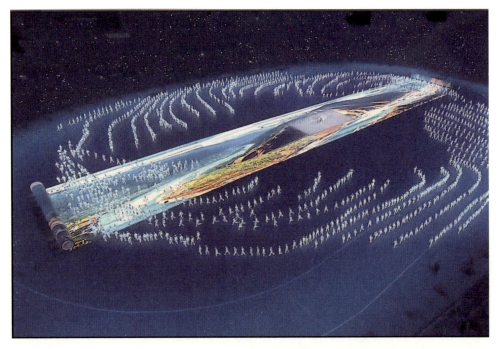

轻地将火炬伸向前方，在光影打出的一只金色凤凰前点燃了引线。一道火苗
旋转上升，奔向火炬塔，"忽"的一声，矗立在"鸟巢"边缘的主火炬喷出
熊熊火光，照亮北京的夜空。

精彩赛事　群星璀璨

　　这是一届创造奇迹、实现梦想的奥运会。一项项优异的成绩，一个个辉
煌的瞬间，让人类骄傲，让世界沸腾。

　　牙买加飞人博尔特创造了百米9秒69的最快速度，他同时在200米决赛中
打破尘封12年的世界纪录。美国游泳选手菲尔普斯一人独得8枚金牌，打破
了施皮茨1972年奥运会上创造的7金纪录。

　　在梦幻般的"鸟巢""水立方"，世界纪录就像一个又一个玻璃瓶子，噼
里啪啦碎了一地。38项世界纪录被刷新，创历届奥运会之最。

北京2008年奥运会开幕式——"光耀五环"

马修·埃蒙斯三度失利

2004年雅典奥运会男子50米步枪三姿决赛上，前九枪领先对手3环多的埃蒙斯最后一枪鬼使神差地打到别人靶上，把近在咫尺的金牌拱手让给了中国选手贾占波。

2008年北京奥运会男子50米步枪3x40决赛时，埃蒙斯在领先近4环、金牌几乎唾手可得的情况下，重演雅典失误，最后一轮仅打出4.4环，中国选手邱健凭借最后一枪稳定的发挥获得了金牌。

2012年伦敦奥运会男子50米步枪三姿决赛上，埃蒙斯又一次折在"最后一枪"——在第九枪还领先对手1环多的情况下，最后一枪只打出7.6环，获得一枚铜牌。

作为东道主，中国代表团以51枚金牌、100枚奖牌的收获，创造了参加奥运会以来的最好成绩。中国、美国和俄罗斯构成奥运金牌竞争中的第一集团，下届东道主英国也奋起直追，以19枚金牌排名第四。蒙古、多哥、阿富汗、塔吉克斯坦等代表团实现了各自国家金牌、奖牌的历史性突破。

作为奥运会的花絮，中国跨栏运动员刘翔因伤退赛，让无数人感到遗憾，同时也予以理解；美国射击运动员埃蒙斯虽一路领先，但又是最后一枪崩盘，再次把金牌拱手送人。

北京2008年奥运会开幕式外景

赛场之外，以"80后""90后"为主的147万名志愿者的服务赢得了全世界的好评，他们被称为"鸟巢一代"，这是东道主获得的第52枚"金牌"。

2008年奥运会在北京完美谢幕。穿越整整一个世纪，1908年的"奥运三问"终于都有了圆满的答案。在闭幕式上，国际奥委会主席罗格对当年国际奥委会评估委员会的评估报告做了最好的回答："这是一届真正无与伦比的奥运会。"

北京2008年奥运会闭幕式上罗格致辞

世界青年的狂欢

——南京2014年青奥会

2014年8月16日，古都南京，一场以青春和奥运为名的世界青年盛大聚会在这里拉开帷幕。第2届青奥会，在江南最富激情的8月精彩绽放。

一座千年古都，一个年轻盛会。有着近2500年建城史的南京，张开热情的臂膀，拥抱数千名世界各国青少年。青春的梦想在激荡，中国梦与世界各国人民的梦，在全球青年的大聚会中走向相融相通。

五彩的青春记号

2011年，南京青奥组委先后发布了会徽、口号和吉祥物。

如果说北京奥运文化景观突出了中国与奥林匹克的结合，突出了中国文化与中国传统，那么南京青奥文化景观则突出了青年，突出了青春色彩和青春气息。

南京2014年青奥会会徽

青奥会会徽将南京明城墙城门和江南民居轮廓艺术化地组合在一起，勾勒出英文"NANJING"字样，每个字母都赋以鲜明的色彩，并将奥运五环和青奥标志用年轻人常用的"对话框"框起来，寓意欢迎、交流的青春之门，象征欢聚、健康的青奥之家。

吉祥物"砳砳"（lèlè）是面向120万名青年学生征集来的设计作品。它以雨花石为创意源泉，色彩上呼应了青奥会徽，意在向青少年提倡自然、运动、健康、快乐的生活方式。同时，砳字意指敲击石头发出的声音，鼓励青少年要有劈山开路、在探索中奋勇前行的精神。

会徽亮明了青奥会的身份，而"分享青春，共筑未来"的口号则展示了青奥会的愿景，向全世界青年发出了振奋人心的信息。

开幕式演出以《青春》为序曲，以《追梦》《筑梦》《圆梦》为主题，讲述了一个关于中国梦、世界梦和青春梦的故事。汉字、青铜器、青花瓷、丝绸之路四种元素，如梦如幻地勾勒出中华文明的博大气象，表达出上下五千年中华民族对和平、和谐、和睦的追求和向往；柔美的空中旋转舞蹈，展现了青年人勇攀高峰、构筑梦想的精神和勇气；1000名五大洲青少年相聚在场地中央，载歌载舞，共圆和平美好的"世界梦"。最后一棒火炬手、奥

南京2014年青奥会吉祥物

南京2014年青奥会开幕式

运冠军陈若琳引燃了浑天仪，火焰在浑天仪顶端如流星般飞向火炬台，青奥会圣火熊熊点燃。

十足的青奥创意

如何让青奥会在南京办得精彩又难忘？南京青奥组委为了"抓住青年人的心"，在赛程设置、竞赛规则上积极创新，在增加时尚的文化教育互动活动上精心设计，为年轻的青奥会注入了众多创意元素。

在风景秀丽的河西鱼嘴湿地公园，坐落着一处规划面积7万平方米的"体育实验室"，攀岩墙、武术台、轮滑赛道等洋溢着运动快感的设施分布其间。青奥会期间，来自国内外的武术、攀岩、轮滑和滑板项目的顶尖高手会聚一堂，吸引了青少年赞叹的目光。

南京青奥会推动赛制创新，还体现在正式比赛项目设置上。主办方在15个大项中设立了混合比赛，打破男女、国籍，甚至洲际区别，队员临时组队；

体育实验室里，青年人跟随武术运动员学习一些简单的武术动作

运动员混合、混编团体项目更多。

网络火炬传递，是奥运史上的一次创新。南京青奥会将传统的火炬传递通过网络平台进行全新表达，在五大洲204个国家和地区进行了传递，全球网络人气超过1亿人次。登南极，上珠峰，在月球与嫦娥牵手，驾蛟龙到海底探险，网络火炬拓展着南京青奥会的"无线空间"。人人都可以成为火炬手，在实现更多人参与的同时，大大节省了传递成本。

"青年人的赛事，青年人挑大梁。"筹办过程中，青奥组委在赛事筹办、活动策划中，发动青年人唱主角，广泛吸收青年人的创意。创新的南京青奥会，为青年奥林匹克运动绘制了一个美好的未来。

百变的青年狂欢

运动员是对手更是朋友。南京青奥会不只是一场竞技赛事，更构建了一个让年轻人通过运动、文化、教育互动的交流平台。

青奥会上，比赛不是唯一的主角。从文化小屋、歌舞派对，到明城墙探险、体育实验室，累计四千多场次的文化教育活动，让青年运动员在游戏中

南京2014年青奥会开幕式上，
巴赫与运动员玩自拍

学习，在互动中交流。或许明天，他们迈不上更高的竞技舞台，但"卓越、友谊、尊重"的价值观将深植于心、裨益终生。

"自拍"在青奥会上大行其道。从国际奥委会主席巴赫玩自拍开始，南京青奥会就进入狂欢的节奏。淡化竞技的赛场内外，随处可见"摆剪刀手"自拍的运动员。拍一张合影、换几枚徽章，不同背景的年轻人因青奥会成为好朋友。男子三人篮球铜牌战上，阿根廷队的11号何塞·比尔多萨打得很漂亮。比赛结束后，很多观众冲到场边和他击掌握手，还要一起自拍，比尔多萨有求必应，拍了十几分钟，最后教练不得不派队员把他拉下场。

年轻人扎堆的地方，有音乐就能"嗨"起来。青奥会最火的歌曲是《小苹果》，青奥村每天播放好几遍，刚开始是志愿者领着跳，后来旋律听熟了，外国运动员自己就能扭起来，人多了还会"飙舞"。在各个场馆，吉祥物"砳砳"暖场时也爱跳《小苹果》，中国女足夺冠时也跳了这支舞。炫出个性，尽情狂欢，让青奥会呈现独特的青春气息。

南京青奥会到了挥手作别的时刻，13天的欢笑与泪水，凝结为五彩斑斓的"青春记忆"，被五大洲的年轻人带向更远的未来。

中篇·开启冬奥之门

04

踏入冰封雪飘季

朔风卷地河水凝，新冰一片如砥平。

何人冒寒作冰戏，炼铁贯韦作屐行。

铁若剑脊冰若镜，以屐踏剑磨镜行。

其直如矢矢逊疾，剑脊镜面刮有声。

——节自清代宝竹坡《冰嬉》

嬉冰御雪
——中国古代的冰雪活动

古代中国的冰雪活动可上溯至远古时期。那时，广袤的北方地区寒冷多雪，以渔猎为生的先民很早就会借助工具在冰雪上活动，狩猎、行走、迁徙、运输，冰雪运动的雏形逐渐形成。

阿勒泰：人类滑雪起源地

据研究者推断，人类最早的冰雪活动应当是滑雪。而滑雪活动最早起源于哪里呢？

长期以来，世界冰雪运动研究者对此有三种说法：一是起源于挪威，考古学家曾在挪威北部发现一幅公元前2500年左右的岩画，上面刻有一个穿着巨大滑雪板的人；二是起源于瑞典，因为1921年在瑞典那姆特兰省发现了约4500年前的滑雪板；三是起源于俄罗斯，理由是20世纪60年代，在俄罗斯东北部乌拉尔山脉的泥炭沼中，发现了8000年前石器时代制作的滑雪板残片。

但近年来的考古发现打破了这些说法，人们发现滑雪运动在中国有着更为悠久的历史，可能早在距今1万年前就存在于中国的新疆地区。

2005年阿勒泰地区发现的旧石器时代晚期的岩画

2005年，新疆阿勒泰地区的一位牧民在汗德尕特乡境内的敦德布拉克河谷发现了一处岩画：在一个古彩岩窟的顶面，绘有4名"滑雪者"追逐牛马等动物的线条图形，其中3人踩在一个长条形物件上，手持一根长棍。

经考古学家鉴定，该岩画属于旧石器时代晚期，至少有1万余年历史。冰雪运动研究者还发现，这些"滑雪者"脚踏雪板、手持单杆，与阿勒泰图瓦人的滑雪姿态惊人相似。他们推断，现代图瓦人广泛沿袭的脚踏自制"毛滑雪板"、手持单木杆在雪地滑行的古老传统，就是对这种原始滑雪狩猎活动的传承。

除历史遗迹外，中国古代文献对滑雪活动也多有记载。

先秦古籍《山海经》中记录了大量地理知识，也保存了夸父追日、女娲补天、精卫填海、大禹治水等许多脍炙人口的神话传说和寓言故事。其第十八卷《海内经》中记载："有钉灵之国，其民从膝已（以）下有毛，马蹏（蹄），善走。"晋代郭璞在注解此句时引用汉代纬书《诗·含神雾》曰："马蹄自鞭其蹄，日行三百里。"《文献通考》《四库全书》等文献中，也都有关于"丁令国马胫马蹄，不骑马而走疾马"的记载。

所谓钉灵国，即当时生活在贝加尔湖以南直

2015年1月，在阿勒泰岩画发现10周年之际，中国阿勒泰国际古老滑雪文化交流研讨会举行，来自挪威、瑞典、芬兰等18国的三十余位滑雪历史研究专家联名发表了《阿勒泰宣言》，认同中国新疆阿勒泰是世界上最古老的滑雪区域。

钉灵人画像

到阿尔泰山一代的北方游牧民族。原称鬼方、赤狄，后称钉灵，也写作丁零、丁令。相传他们膝盖以上为人头人身，膝盖以下为马腿马蹄，不骑马，但跑起来却像马一样快。显然，这是对古钉灵人绑着兽皮绑腿、踩着蹄形踏板在深雪区滑行的形象描述。这里的"蹄"就是滑雪板，"鞭"即指滑雪杖。

隋唐以后，滑雪运动在中国北方地区各少数民族中普遍流行。据《隋书》记载，1400年前，居住在大兴安岭地区的室韦人就有"骑木而行"的滑雪方式。《文献通考》在记述隋唐时期活动在乌兰巴托西北鄂尔浑河流域的铁勒部族时，也说"国多雪，恒以木为马，雪上逐鹿"。

什么是"骑木而行""以木为马"呢？《元一统志》做过这样的解释："木马形如弹弓，长四尺，阔五寸，一左一右系于两足，激而行之，雪中冰上，可及奔马。"显然，这里所谓的"木"，实际上就是一种滑雪板，其形制已与今日相差无几。

不仅如此，《元一统志》和《盛京通志》还记载了当时在东北地区得到广泛应用的"狗车"："以木为之，其制轻简，形如船，长一丈，阔二尺许，以数狗拽之，止可于冰上雪中行之。"可见，当时不仅滑雪板、滑雪杆不断得以改进，雪橇也已经出现，并且成为重要的日常交通运输方式。

从"冰嬉"到"国俗"

冰上活动从雪上活动延伸而来。我国秦岭—淮河一线以北地区，冬季平均气温在0℃以下，可进行冰上活动的地域范围远远超过雪上活动。

《新唐书》记载了北方多个少数民族的冰上活动。称钉灵后裔的回纥部落"俗嗜猎射少耕获，乘木逐鹿冰上"；同为钉灵后裔的"木马突厥"三个部落"俗乘木马驰冰上，以板藉足，屈木支腋，蹴辄百步，势迅激"。记载活动在锡霍特山脉到库页岛一带的流鬼部落，称其"地骚（早）寒，多霜雪，以

阿勒泰毛滑雪板：滑雪板为双只，普遍用白松木做板芯，整个滑行面用马腿皮裹包，一般长约180厘米~210厘米。

木广六寸、长七尺系其上，以践冰，逐走兽"。这显示出，长期生存于高寒地区的古代部落，在隋唐时期即以滑雪为基础发展出了娴熟的冰上运动。

在冰上运动发展过程中，发源于东北地区的女真人可谓贡献巨大。隋唐时期，他们就发明了一种用于滑冰的竹马，人们可以手执曲棍、借助竹马在冰面上滑行。据史料记载，这也是古代中国人最早的滑冰方式之一。

宋金时期，女真人将他们传统的冬季活动"打雪仗"从北方带到了金朝的"国都"，也就是现在的北京。而在南方的宋朝，滑冰也成为一种广泛开展的娱乐活动，甚至传入了宫廷，称作"冰嬉"。《宋史·礼志》曾记道"故事，斋宿，幸后苑作冰嬉"，可见滑冰当时已成为一种宫廷运动。

阿勒泰地区的图瓦人至今仍在使用"毛滑雪板"滑雪

明代，生活在建州的女真人盛行跑冰鞋的游戏，据说是由中原传来，很可能是宋代所谓"冰嬉"的异称。清代宝竹坡《偶斋诗草》记述："侧闻冰鞋本故事，冰鞋仿佛传西京。"据《满洲老档秘录》记载，天启五年（1625年）正月初二，清太祖努尔哈赤举行了盛大的冰上运动会。其间，他本人在浑河冰上亲自主持了跑冰鞋的比赛，其他项目还有速滑、花样溜冰、冰上射箭以及冰上武术等。这是中国有文献记载的第一次冰上运动会。

清朝皇室祖先世居长白山，狩猎是他们生活来源的一部分。所以他们不仅长于骑射，而且也长于滑雪滑冰，并用之于战斗。《清语摘抄》就有记载："天命末年（1626年）冬，太祖师次墨根城，征讨巴尔虎特部……时有名费古烈者，所部兵皆着靰鞡滑子，善冰行，以炮架爬犁，沿脑温冰层驰往救，一日夜行七百里。"1644年清军入关后，将滑冰和骑马、摔跤、石锁一同列为八旗军营操练士兵的四大军事技术，并成立了隶属内务府管理滑冰的专门机构"玛特滑斯"衙门，可见滑冰在清军训练中的重要性。

乾隆皇帝与努尔哈赤相比，对冰上运动的喜爱程度有过之而无不及。他不仅参与冰上运动，还亲作《冰嬉赋》予以赞颂，称"冰嬉"为"国俗"。乾隆八年（1743年），管理八旗军营滑冰的机构改称冰鞋处，下设冰鞋队，均选自健锐营，每年从农历十月至次年一月集中操练。据研究，冰鞋队的技术已经十分完善，甚至有了带锋利刀刃的装备，即冰刀。

在强化军事训练的同时，乾隆皇帝还注重滑冰作为宫廷表演的娱乐性，这也推动了滑冰技术的多样化。他每年冬季都会从全国各地选拔近千名"善走冰"者入宫，在太液池（今北京北海和中南海一带）进行训练表演。这促使清代的滑冰运动逐步形成速度滑冰、花样滑冰、冰上蹴鞠、冰上舞幡、冰上舞龙灯、拖床和溜冰淌等多种冰上活动。

类似足球运动的蹴鞠游戏兴起于战国，盛行于唐宋。而在清代，冰上蹴鞠在宫廷和民间大受欢迎。康熙年间诗人李声振《百戏竹枝词》写道："蹴鞠场上浪荡争，一时捷足趁坚冰。铁球多似皮球踢，何不金丸逐九陵。"

速度滑冰比赛的基本姿势有八种，称作"官趟八式"，竞赛获胜者会得到重赏。花样滑冰表演技术繁多，除个人自编动作外，还有诸多规定的技术套式，竞赛获胜者会按技术高低分等行赏。

在清代，人们还很重视冰上杂技的集体表演，号称冰嬉。除了常见的耍刀、弄棒、盘杠、倒立、扯旗、舞幡外，还有与军事相关的难度极大的滑冰射箭——"转龙射球"。这些花样表演在乾隆年间宫廷画家张为邦、姚文翰等人所绘的《冰嬉图》中表现得淋漓尽致。可以说，清代的宫廷冰嬉活动就是一场规模宏大的中国式冬奥会。

《冰嬉图》（局部）

冰情雪韵
——中国当代的冰雪文化

哈尔滨冰上集体婚礼始于1985年，为冰雪节重要内容之一。三十多年来，它以其新颖的形式和独特的魅力，吸引了全球五大洲1056对恋人，在象征爱情纯洁与坚贞的冰雪世界，开启幸福浪漫的婚姻旅程。

中国人喜爱冰雪运动，在漫长的历史中形成了各种冰雪活动的风俗与传统。西方现代冰雪运动进入中国后，与传统的冰雪活动相融合，产生了富有地域特色和民族特色的冰雪主题活动和冰雪文化现象。特别是20世纪80年代以来，丰富多彩的冰雪活动在中国大地蓬勃开展，集体育、艺术、游乐、休闲为一体，让寒冬充满了无限活力，深受广大爱好者特别是青少年的欢迎。

东北地区：得天独厚

东北三省无疑是中国冰雪主题活动开展最为活跃和密集的地区。黑龙江首当其冲，不仅定期举办享誉中外的哈尔滨国际冰雪节、黑龙江国际滑雪节、齐齐哈尔关东文化旅游节，还拥有呈现奇异景观的"中国雪乡"、创造"唯美爱情"的冰上集体婚礼。

"冰城"哈尔滨是国际冰雪文化名城。早在1963年，"冰城"人就创办了冰灯游园会活动。1985年1月5日，首届哈尔滨冰雪节开幕。这是中国第一个地方性的冰雪节庆活动，也是我国第一个以冰雪活动作为核心内容的国际性节日。2001

年命名为"中国哈尔滨国际冰雪节"，是"世界四大冰雪节"之一。

2016年1月，第32届哈尔滨国际冰雪节如期而至。近三个月时间里，冰雪旅游、冰雪文化、冰雪时尚、冰雪经贸、冰雪婚礼5大板块一百余项活动吸引了超过二百万名游客参与。每一届冰雪节都匠心独运、推陈出新，为人们展现冰雪中蕴藏的巨大魅力，呈现一场场艺术性与体验性兼具的冰雪嘉年华。

黑龙江国际滑雪节始创于1998年，从第2届开始，就升格为国家级、国际性的旅游活动，并确定了节旗、节徽、节歌和吉祥物等标志。经过近二十年发展，参与其中的滑雪场从十几家增至几十家。2003年增设"春天活力滑雪月"，每到春季，当全国大多数地方冰雪消融、春暖花开时，这里却正值滑雪的好时节。

位于牡丹江市辖区内的双峰林场被誉为"中国雪乡"。这里地形独特，冬季降雪早，雪期长达7个月，积雪最厚处近两米。皑皑白雪在负力作用下，

"中国雪乡"一隅

随物具形，千姿百态，宛如童话世界，散发着雪都神韵。林场内物华天宝，资源丰富。当地林业局1999年创办了"中国雪乡旅游节"，每年冬春季节，到雪乡赏雪、滑雪、品尝山野美味成为热潮。

在主题活动之外，开始于20世纪70年代的"百万青少年上冰雪"活动一直持续至今，并已从黑龙江扩展到14个省份，培养了一大批冰雪明星。黑龙江省还以哈尔滨市为中心，覆盖齐齐哈尔、牡丹江、佳木斯、大庆等7个城市和20个县，建设了冰雪体育长廊，吸引青少年和各界民众走上冰雪，参与到全民健身的热潮中。

吉林是唯一可与黑龙江争锋的冰雪大省。开始于1991年的"中国吉林国际雾凇文化节"是继哈尔滨国际冰雪节和龙庆峡冰灯艺术节之后，中国第3个以冰雪为载体的地方性节日。活动内容包括雾凇观赏，冰灯、彩灯、河灯与焰火构成的"三灯一火"，以及滑雪、冬泳等活动。后来又增加了雪雕展、新春庙会、雾凇婚礼、彩船大游行等系列活动。"一江寒水清，两岸琼花凝"，"夜看雾，晨看挂，待到近午赏落花"，优美的诗句将人们带入如痴如醉的奇景仙境之中。

作为松花江、图们江和鸭绿江的发源地，长白山一直是东北人民生息劳作的地方。这里的天池、大峡谷和长白飞瀑等景致蔚为壮观，享誉世界。为催热长白山冬季旅游，1993年起，当地政府和旅行社费尽心思，组织了多次冰雪游活动。在此基础上，1996年第1届长白山国际冰雪旅游节拉开帷幕，一年一度的活动中，富有朝鲜族特色的民俗体育、民俗歌舞、民俗风情、民俗文化融为一体，塑造了一个又一个独具风情的延吉之冬。

查干湖位于吉林省松原市，查干湖冬捕作为传统的渔业生产方式，早在辽金时期就享有盛名。它是集祭祀、捕鱼和冰上娱乐为一体的大型社会文化活动，已成为一种民俗延续至今，具有浓郁的地方特色。每当冬捕来临，四

查干湖冬捕

面八方的来客聚集湖面，盛大的场面蔚为壮观。2008年，查干湖冬捕奇观列入国家级非物质文化遗产。

华北地区：推陈出新

北京历史上曾是辽、金、元、明、清5个朝代的都城，除明代外，其余4个朝代均由来自北方的少数民族统治。他们来自高纬高寒地区，冬季生活中充满了冰雪的内容，入主中原后便将冰雪运动传统带至北京。经过千年传承，北京的冰雪文化不仅有着深厚的历史底蕴，现在更成为冬天的一道亮丽风景。

什刹海冰场已有300年历史，这里维系着许多家庭三代人的传承，即祖辈、父辈、儿孙辈都在这里滑过冰刀、坐过冰车、打过冰球。2015年1月，首届北京什刹海冰雪体育文化节在此举办，第4届什刹海冰上龙舟比赛及什刹海冬季民俗体验活动也同时亮相，消失已久的"冰蹴鞠"重现什刹海。

　　作为北京2022年冬奥会三大赛区之一的延庆区，已连续举办龙庆峡冰灯艺术节近30年，在每年冬天都会掀起一股京郊"冰雪热"。7公里长的龙庆峡开阔与幽深交错、险峻与浅滩并存，被誉为北京的"小漓江"。这里冬季气温低寒，冰期较长，为举办冰灯节提供了优越独特的自然条件。

　　1987年1月20日，首届龙庆峡冰灯展开幕，工作人员用1700立方米的冰块创造出上千件冰雕艺术品。从那以后，历年冰灯艺术节都有不同的主题，已经成为我国纬度最低、规模最大、历时最久的露天冰灯艺术展。这些活动不仅提升了延庆区特别是龙庆峡的影响力和知名度，更带动了北京冬季冰雪特色旅游项目发展。"鸟巢"欢乐冰雪季、龙潭湖冰雪嘉年华以及京郊各区集中推出的"银冬冰雪节"，大大丰富了北京市民的冬日冰雪生活。

　　位于河北省西北部的张家口市崇礼区，北倚内蒙古草原，是中国滑雪运动的新兴热点区域。这里具有独特的地形和气候，冬季降雪早，存雪期

冬日在什刹海冰面上嬉戏的人们

"鸟巢"欢乐冰雪季活动

达150天，平均气温零下12摄氏度，平均风速2级，被专家誉为发展滑雪产业的理想区域。自1996年建成第一条雪道，至今已有5家知名滑雪场实现运营，拥有雪道117条93公里。冬奥效应让崇礼吸引了更多人的关注目光，也让各项滑雪赛事接踵而来。2015～2016雪季，共有32场大型滑雪赛事在崇礼举行，近七千人参赛；举办冬令营23期，三千八百余名青少年参与；270万人次到崇礼旅游滑雪，比上个雪季增长30%。

内蒙古自治区地域狭长，连接东北、华北和西北。内蒙古冰雪那达慕是一场集体育竞技、民俗风情、民族文化于一体的草原盛会。那达慕，蒙语为娱乐、游戏之意，前身是"祭敖包"，是蒙古族在长期游牧生活中创造和流传下来的具有独特民族色彩的竞技、游戏活动。起初只举行射箭、赛马或摔跤的某一项比赛。到元、明时，将这3项比赛合在一起成为固定形式，称为"那达慕"。冰雪那达慕实际上就是蒙古人的"冬季奥运会"。现在的冰雪那达慕除蒙古族传统体育赛事外，雪地马拉爬犁、雪地足球、雪地卡丁车等活动也融入其中，方便游客了解原汁原味的草原民俗。

呼伦贝尔以境内的呼伦湖和贝尔湖得名。呼伦湖是内蒙古第一大湖，已有近一个世纪的渔业生产史。湖水从11月上旬封冰，至次年5月才解冻，冰冻三尺的湖面下蕴藏着鲤鱼、鲫鱼、油餐鲦等30种鱼类。呼伦湖夏季封湖休渔，只有冬季冰层达到45厘米厚才祭湖开捕。渔工们将出网的鱼甩向天空，是最经典的冬捕场面，漫天飞舞的银鱼与满脸风霜却充满欣喜的渔工，构成湖面上最美的冬景。

满洲里是内蒙古一座拥有百年历史的口岸城市。东依兴安岭，南濒呼伦湖，西邻蒙古国，北接俄罗斯，是一个融合了中、俄、蒙三国风情的城市。创办于1999年的中国满洲里中、俄、蒙国际冰雪文化节，是内蒙古自治区四大节庆活动之一。每年12月份冰雪节开幕，设有国际选美大赛、冰雕比赛、

张家口崇礼雪场

冰壶表演、观呼伦湖冰上捕鱼等活动，规模越来越大，为促进中、俄、蒙三国文化、民俗、旅游和经贸往来做出了积极贡献。

西北地区：后起之秀

2016年，新疆维吾尔自治区举办了第13届全国冬运会。以冬运会为平台，新疆不但呈现了一届高水平的冰雪赛事，而且借助赛事带来的高频次、高强度的媒体曝光，把当地特色文化和旅游产品等一同推介给世界。"大美新疆"的印象更加深入人心，冰上运动中心、丝绸之路国际滑雪场、天山·天池国际滑雪场等一批世界水准的冰雪场地成为当地冰雪运动产业发展的新引擎。

作为"人类滑雪最早起源地"，阿勒泰在2016年1月至4月举办了第5季中国阿勒泰国际冰雪游暨第10届人类滑雪起源地纪念日庆典活动。其间，冰雪天使选拔、国际滑雪论坛、滑雪冬令营、首届喀纳斯雪雕赛、寒极户外宿营、雾凇摄影节、图瓦民俗文化节及各项冰雪赛事相继举行，为各地游客呈现了动感、时尚的冬季旅游休闲新体验。

第13届冬运会冰上运动中心"雪莲花"效果图

阿勒泰曾是中国滑雪队的训练基地，也是新疆唯一涌现出全国滑雪滑冰冠军的地方。阿勒泰正在建设阿依海国际滑雪场，希望通过加强国际合作、举办国际赛事，打造成为世界滑雪胜地。

新疆之外，西北各省区也迈出发展繁荣冰雪活动的步伐。陕西铜川玉华宫冰雪节已举办了16届，甘肃兰州欢乐冰雪节、青海金银滩冰雪狂欢节从2015年起陆续扬帆起航，打造地方冰雪活动品牌。

南方地区：另辟蹊径

四川南国国际冰雪节是在龙池冰雪节、瓦屋山原始森林冰雪游、峨眉山冰雪节的基础上于2001年推出的，如今已成为四川冬季旅游的一张名片。

首届冰雪节共有7个会场，主会场在西岭雪山。西岭雪山位于成都市大邑县境内，是著名的大熊猫栖息地，因诗人杜甫的千古绝句"窗含西岭千秋雪，门泊东吴万里船"而得名。这里有中国目前规模最大、设施最好的大型高山滑雪场、雪上游乐场和滑草场。各雪山的雪期长达4~6个月，随处可见的冰瀑、冰柱、冰挂和林海雪原的奇观妙景给游人带来非凡的体验。高山滑雪、雪地摩托、雪上飞碟、雪上滑车、蛇形滑雪车、雪地冲锋舟等丰富多彩的冰雪项目把这里变成了冰雪乐园。

深圳作为典型的南方城市，现已建成7块常年冻冰的标准室内冰场，2011年开始在世界之窗主题公园举办室内冰雪节，使向往"千里冰封、万里雪飘"胜景的南方人不出远门就能领略北国冰雪奇景。人们在这里可以欣赏璀璨冰雕雪雕，参与梦幻冰雪派对，体验各种冰雪运动，领略冰雪带来的巨大魅力。

2015年8月，海口市为提振城市整体旅游氛围与热度，启动了海南国际冰雪文化节。规划建设的3000立方米神奇的冰雪王国，将让人们在盛夏感受到冰雪带来的丝丝凉意和乐趣。

近年来，冰雪运动日益升温。顺应这一趋势，国务院2014年10月出台的《关于加快发展体育产业促进体育消费的若干意见》对发展冰雪产业、促进冰雪体育消费提出了明确要求。国家体育总局正在推动制定中国冰雪运动发展规划，相信随着2022年冬奥会的带动作用，中国冰雪运动和冰雪文化将步入发展的快车道，在全国开花结果。

冰雪盛会

——中国冰雪赛事

中国是世界上为数不多的举办全国综合性运动会的国度之一。从1959年开始已经举办了13届全国冬季运动会。全冬会之外，还有亚冬会、大冬会、冬奥会三大世界综合性冬季赛事，1996年以来，它们陆续来到中国，吸引了大量热心观众，激发了无数人参与冰雪运动的无限热情。

全国冬季运动会发展回顾

1959年9月第1届全国运动会开幕前，在吉林、黑龙江两省举行了冰雪项目比赛。雪上项目2月1日至5日在吉林市举行，冰上项目2月10日至20日在哈尔滨市举行，称为"1959年全国冬季运动会"。这是中国举办的首个大规模冰雪赛事。

共12支代表队224名运动员参加了速度滑冰、花样滑冰、冰球、高山滑雪、越野滑雪5分项40小项的比赛。其中，速度滑冰和滑雪项目分设成年组与少年组，近八十名少年运动员参加了两个项目的竞争。

速度滑冰的20枚金牌由黑龙江队夺得。运动员所穿的冰鞋、用的冰刀、滑行姿势可谓"百花齐放"，尽管如此，他们仍创下了不少全国新纪录。黑龙江也由此开始了冬运会长盛不衰的辉煌战绩。

第2届全国运动会1965年在北京举行，但冰雪项目比赛停办，而届次照算。

第3届冬运会1976年1月至2月在黑龙江省哈尔滨市和尚志县举行，属于第3届全运会的正式比赛项目。这是"文革"时期举行的唯一的全运会，口号是"友谊第一，比赛第二"。竞赛项目包括5分项67小项，各分项均设少年组。参赛规模大幅跃升，共975人参赛，其中少年运动员近三百名。参赛队伍除各省、区、市及解放军代表团外，黑龙江、吉林部分地、市、县也积极组队参赛。如在滑雪项目中，松花江地区获金牌11枚，通化地区获金牌9枚，吉林市、尚志县分别获金牌2枚。

1979年的第4届冬运会比赛仍是第4届全运会的一部分。滑雪项目2月15日至20日在黑龙江尚志县举行，速度滑冰3月4日至9日在新疆乌鲁木齐市天池举行，冰球、花样滑冰9月8日至17日在北京举行，比赛地点及时间都相对分散。比赛项目减至60小项，参赛人数593人，参赛规模在此后数届保持相对稳定。

在天池举行的速度滑冰项目是中国第一次在高山冰场举行冬运会比赛。赛事进行得相当艰苦，所有选手都住在山上的帐篷里，教练员亲手浇灌冰场，运动员由于缺少高山训练，许多人到终点

第1~6届冬运会以省（区、市）为单位进行奖牌榜排名，黑龙江、吉林和解放军3个代表团包揽了绝大部分金牌。自第7届起，实行以城市为代表队的记分、记牌办法，奖牌分布趋于分散，但"三足鼎立"格局依然存在，南方队伍至今未获金牌。

时摔倒并需吸氧。

1983年，第5届冬运会终于摆脱"寄宿全运会"的尴尬处境，进入独立发展时期。3月12日在哈尔滨举行了开幕式，冰上舞蹈《祖国永远是春天》广受欢迎。雪上项目提前于2月下旬在亚布力滑雪场举行。比赛项目增至7个分项，短道速滑、冬季两项首次进入冬运会，但小项减至49项。铁道部所属的火车头体协首次组队参赛。

第6届冬运会于1987年3月在长春举行。分项增至8项，小项减至46项。高山滑雪、跳台滑雪先期于2月3日至10日举行，越野滑雪、冬季两项于2月13日至20日在长白山滑雪场进行。从本届开始，前卫体协、石油体协、林业体协等行业团体纷纷加入到冬运会的竞争中来。

1991年2月在哈尔滨举行的第7届冬运会是我国冬季运动会发展的里程碑。国家体育总局对冬运会参赛机制做出重大改革，改变过去以省、区、市为单位参赛的做法，形成了以城市组队参赛的新模式，并以此排定奖牌榜，试图通过改革扩大冬运会的影响力和竞争力。参赛队伍多达35支，但参赛选手仅664人，并未显著增加。广东省中山市成为第一支参加冬运会的南方队伍，为中国冬季运动"北冰南展"战略开拓道路。

1995年1月14日，第8届冬运会在吉林市开幕。自由式滑雪首次进入冬运会。来自全国33个代表队的579名运动员参加了58个小项的争夺，12支队伍获得金牌。吉林选手张艳梅和长春新秀王春露分别打破女子短道速滑500米和1000米世界纪录。长春选手李佳军包揽了男子短道速滑6项冠军，成为单届冬运会夺冠最多的运动员。从本届开始，冬运会的时间、地点较为固定，基本确定1月份在同一个城市举办。

第9届冬运会1999年1月又回到长春，参赛队伍降至30支，但参赛选手猛增了一倍，达到1168人。回归后的香港第一次组队参加冬运会，43名运动员

参加了短道速滑、花样滑冰、冰球3个项目的比赛。

　　进入21世纪以来，冬运会进入快速发展时期。2003年和2008年，第10和第11届分别在黑龙江省哈尔滨市和齐齐哈尔市举行。哈尔滨已是第5次承办冬运会，齐齐哈尔则是第1次。此次冬运会有两个特点，一是时间延后了一年，确定了新的冬运会周期；二是结束了由城市政府承办冬运会的历史。2012年1月，由吉林省政府承办的第12届冬运会在长春开幕，开创了由省级政府承办冬运会的先河。这3届冬运会陆续增加了冰壶、单板滑雪、北欧两项3个项目，分项设置逐步向冬奥会靠拢，项目总数也大幅增加，第12届多达105个小项，比温哥华冬奥会的比赛项目还要多出19个。参赛队伍和运动员主要集中在东北三省、内蒙古、新疆等北方地区，实际上主要是黑龙江、吉林两省的争夺；南方参赛队伍比例很小，而且多数时候都处于"打酱油"的尴尬局面。

　　2016年1月20日至31日，第13届冬运会在新疆维吾尔自治区隆重举行。这是冬运会首度走出东北，落户西北雪原，也是新疆第一次独立承办全国综

哈尔滨亚冬会会徽

合性运动会。本届冬运会项目包括5大项11分项97小项，设乌鲁木齐市和昌吉回族自治州2个赛区，除跳台滑雪借地黑龙江亚布力滑雪场举办外，所有比赛均在这两个赛区完成。值得一提的是，与北京携手成功申办冬奥会的张家口，其青年男子冰壶队在决赛中击败了实力强劲的哈尔滨队，为河北省赢得了冬运会历史上的首枚金牌。

据媒体报道，中国国务院已经批复同意，第14届冬运会将于2020年1月在内蒙古自治区举行。届时，内蒙古将成为继黑龙江、吉林、新疆外第4个独立承办冬运会的省区，这对于中国冬季运动"南展西扩"具有重大意义。

1996年哈尔滨亚洲冬季运动会

亚洲冬季运动会由亚洲奥林匹克理事会创办，4年一届，1986年开始第1届，至2011年共举办了7届。前两届均在日本札幌举行，第3届来到中国哈尔滨，1996年2月4日开幕，2月11日闭幕。这是中国第一次举办冬季洲际综合性运动会。

第3届亚冬会本应于1994年举行，为适应冬奥会周期调整，延至1996年；本应由朝鲜三池渊承办，但1992年8月朝鲜以保护环境为由放弃举办权，中国哈尔滨和韩国江原道提出接办申请，亚奥理事会遂决定第3届、第4届分由哈尔滨、江原

哈尔滨亚冬会吉祥物

道承办。

本届亚冬会比赛项目包括8分项43小项。自由式滑雪第一次成为亚冬会比赛项目，跳台滑雪设为表演项目。来自17个国家和地区的453名运动员参加了本届亚冬会。遍布亚洲的参赛队伍意味着亚冬会不再是东亚地区的独舞，而真正成为亚洲体坛的大聚会。

开幕式上，东道主中国代表团最后在《歌唱祖国》的乐曲声中步入会场。速滑运动员王秀丽高擎火炬，在退役运动员罗致焕、王金玉的护卫下登上火炬台，用取自北京天坛的圣火点燃了主火炬。花样滑冰运动员陈露代表全体运动员宣誓，随后进行了主题为"太阳·冰雪·亚细亚"的开幕式表演。

本届冬奥会的会徽图案由蓝色汉字"三"和亚奥理事会会徽中的太阳构成奋力向前的滑雪运动员造型。吉祥物创意来自哈尔滨的特产植物——大豆，并取名"豆豆"。设计者在圆溜溜的大豆粒上画了一双椭圆形大眼睛、微笑的嘴巴及两根卷曲的头发，身后长着一对小小的豆荚翅膀，满面笑容向前奔跑。火炬外形以中国商周时期的器皿"瓢"为原型，显示出浓厚的文化特色。

历经8天的角逐，中国代表团以15枚金牌、37枚奖牌排在榜首。第一次参加亚冬会的哈萨克斯坦代表团以14金9银8铜位列第二，此前蝉联亚冬会金牌榜首位的日本代表团获8金14银10铜排在第三。

2007年长春亚洲冬季运动会

第4届亚冬会提前至1999年1月30日至2月6日在韩国江原道举行，第5届亚冬会2003年2月1日至8日在日本青森举行。第6届亚冬会再一次来到中国，2007年1月28日至2月4日在长春举行。

比赛项目包括自由式滑雪、高山滑雪、跳台滑雪、越野滑雪、冬季两项、

长春亚冬会会徽

长春亚冬会吉祥物

冰球、花样滑冰、速度滑冰、短道速滑和冰壶10分项47小项，来自亚洲25个国家和地区的796名运动员参加了奖牌角逐。

本届亚冬会上，亚奥理事会的45个成员都派出代表与会，成就了亚洲冬季运动史上的第一次大团圆。亚奥理事会给予高度评价，认为创造了一个新纪录。

亚冬会会徽名为"飞越"，由2个英文字母"C"组成，采用的是跳台滑雪的运动造型，既代表主办国"中国"和主办城市"长春"，也蕴含着更快、更高、更强的奥林匹克格言。吉祥物"鹿鹿"是一只活泼可爱的梅花鹿，既反映了"中国梅花鹿之乡"长春的地域特色，也展现了体育的力量和速度。

经过角逐，中、日、韩、哈占据奖牌榜前4位，并包揽所有金牌。中国军团以19枚金牌、61枚奖牌的成绩，时隔8年重返亚洲之巅。其中一些单项冠军的角逐堪称巅峰对决，让人难忘。在越野滑雪女子短距离自由式比赛中，中国选手王春丽与哈萨克斯坦选手科洛明娜几乎同时撞线，最终王春丽凭借冲刺中机智的一摔，先于对手0.09秒的微弱优势夺冠，结束了中国亚冬会历史上从未在这个项目上获得个人金牌的纪录。

在花滑双人滑赛场中，当一袭蓝衣的申雪、

长春亚冬会开幕式

赵宏博伴着名曲《沉思》在洁白的冰面上翩翩起舞时，每位观众都不禁被感染。高难度的3周捻转托举和后外3周抛跳，以及优美的螺旋线都几近完美，成就了这对黄金搭档在亚冬会上的4连冠，可谓众望所归。

2009年哈尔滨世界大学生冬季运动会

世界大学生运动会是由国际大学生体育联合会主办的，只限年龄为17~28岁在校大学生和毕业不超过2年的大学生参加的世界性综合运动会。它由3类赛事组成：世界大学生运动会、世界大学生冬季运动会和世界大学生单项体育锦标赛。

1923年，世界大学生体育代表大会在巴黎召开，会议决定次年在华沙举行首届国际大学生运动会。此后每两年举办一届，二战期间中断，50年代分列为东西方两个运动会。

哈尔滨大冬会会徽

1957年，为庆祝法国全国学联成立50周年，在巴黎举行了国际性的大学生运动会和国际文化联欢节，与会代表决定将东西方两个运动会合二为一，原则上每两年举办一次，重新计算届次。

1959年，第1届世界大学生运动会在意大利都灵举行。1960年，仿奥运会赛制，又在法国夏蒙尼举办了第1届世界大学生冬季运动会。1981年开始，冬夏两个运动会改在同一年举行。至2015年，大运会举办了28届，大冬会举办了27届。

2009年2月18日至28日在哈尔滨举行的是第24届大冬会。来自44个国家和地区的2366名运动员，在速度滑冰、花样滑冰、短道速滑、冰球、冰壶、高山滑雪、跳台滑雪、自由式滑雪、越野滑雪、单板滑雪、北欧两项、冬季两项12分项81小项中展开角逐，比赛的规模和项目设置是大冬会有史以来最大、最多的一届。

本届大冬会会徽以英文字母"U"为基本形状，用流畅动感的线条语言描绘出冰雪健儿的运动轨迹，又如同飘动的旗帜展示着大学生飞扬的青春。吉祥物"冬冬"以北方的雪花为创作元素，以白色和蓝色为主色调，天使般的笑容蕴含着热情的欢迎，橘色的围巾彰显着勃勃生机与活力。主火炬创意灵感源自哈尔滨市花丁香花和U形会徽，突出了本届大冬会"冰雪·青春·未来"的主题。

哈尔滨大冬会吉祥物

哈尔滨大冬会开幕式

　　冰上项目在哈尔滨举行，雪上项目在亚布力和帽儿山滑雪场举行。组委会招募了3000名赛会志愿者和10万名城市志愿者参与大冬会服务。历经11天的激烈角逐，中国代表团与俄罗斯代表团均获得18枚金牌，最终中国以多出4枚银牌的优势略胜一筹。

大冬会志愿者

逐梦冬奥

——中国参赛之旅

中国自1958年退出国际奥委会后，与奥运会分别了22年。1980年2月，中国恢复在国际奥委会的席位3个月后，即派运动员首次征战冬奥会。截至2014年索契冬奥会，中国体育代表团的冬奥会之旅已历经10届三十四载，共获得金牌12枚、银牌22枚、铜牌19枚。

首次出征冬奥会

1980年普莱西德湖冬奥会开幕式上，第一次参加冬奥会的中国体育代表团高举五星红旗步入会场，受到全场观众的热烈欢迎。28名运动员参加了速度滑冰、花样滑冰、越野滑雪、高山滑雪、冬季两项5分项18小项的角逐，最好成绩是王桂珍获得高山滑雪女子小回转项目第18名。首次出征虽然没获

1980年冬奥会开幕式上中国代表团入场

得好名次，但让中国运动员看到了与世界先进水平的差距，并融入了冬季奥林匹克运动大家庭。

1984年，第14届冬奥会在南斯拉夫萨拉热窝举行。此次中国派出了37名运动员，分别参加了越野滑雪、冬季两项、高山滑雪、速度滑冰及花样滑冰5分项26小项的比赛。同上届相比，尽管一样未获得好名次，但中国选手的表现普遍有所提升，中国队在49个参赛代表团中排名第23位。

1988年卡尔加里冬奥会上，中国派出了由13名运动员组成的精干队伍，参加了速度滑冰、花样滑冰、越野滑雪3分项18小项的比赛。在当时还是表演节目的短道速滑比赛中，李琰获得1000米金牌和500米、1500米铜牌，并创造了1000米世界纪录，五星红旗首次在冬奥会赛场上升起。

本届冬奥会上，中国运动员最大的收获就是开阔了视野，看到了潜力，增强了在奥运赛场上取胜的信心，为我国冬奥项目的后续发展奠定了基础。

首次夺得冬奥会奖牌

1992年，第16届冬奥会来到法国小城阿尔贝维尔。经过12年的努力，中国队第4次出征冬奥会，34名运动员参加了34个小项的比赛。

女子速滑运动员叶乔波终于打破中国冬奥会奖牌"零"记录，一举夺得500米和1000米2枚银牌。李琰也在首次成为正式比赛项目的短道速滑500米比赛中为中国再添1枚银牌。女子花样滑冰单人赛中，年仅15岁的陈露战胜了许多欧美选手，获得第6名，成为中国在冬奥会上第一个跻身花滑前6名的运动员。最终中国队名列奖牌榜第15位，显示出我国在一些项目上的优势，以及冬季运动开始走向成熟。

1994年，冬奥会启用了新周期。时隔2年，第17届冬奥会在挪威利勒哈默尔举行。中国运动员在本届冬奥会上不负众望，取得了可喜的成绩。虽然

陈露获得的铜牌，是我国第一枚、也是迄今为止唯一一枚冬奥会女子单人滑奖牌

短道速滑界有两个Yang Yang：

杨扬 1975年生，黑龙江人，参加过1998年、2002年、2006年3届冬奥会，2006年退役，2010年当选国际奥委会委员。

杨阳 1977年生，吉林人，参加过1994年、1998年、2002年3届冬奥会，2003年成为国家队助理教练，2005年退役，2006年成为体育主持人。

银牌数少于上届，但冰上项目获得全面突破，陈露获得铜牌，标志着中国女子花滑已经迈入世界先进水平。

此外，本届冬奥会上，中国共有7名运动员进入前8名，特别是叶乔波带伤参赛，以1枚铜牌为自己的运动员生涯画上了圆满的句号。张艳梅在女子短道速滑500米中收获银牌。

1998年，冬奥会再次来到亚洲，在日本长野举行。中国参赛人数达到新高，共有60名运动员参加了滑冰、冰球、滑雪、冬季两项共4大项40小项的比赛。冰雪健儿不懈奋战，出现了许多感人场面。尤其在短道速滑项目上，男女6个项目中都有奖牌进账：女选手杨阳在与队友夺得接力项目银牌之后，又夺得500米和1000米2枚银牌，成为夺得奖牌最多的中国选手；另一选手杨扬在女子1000米比赛中打破了世界纪录。男选手李佳军在身体欠佳的状况下，拼得1000米银牌，成为中国冬奥史上获得男子奖牌的第一人；17岁的安玉龙在男子500米比赛中也勇夺银牌。徐囡囡在女子自由式空中技巧比赛获得银牌，为中国赢得第一枚雪上项目奖牌。中国队最终以6枚银牌、2枚铜牌，位列奖牌榜第16位。

尽管本届冬奥会中国运动员没有实现金牌突破，但中国队的进步有目共睹，总体水平有了明显提高。有国外评论认为，中国运动员已经具备夺金实力，只是由于竞技运动"不可预测的因素"，让金牌连续从中国队手中滑过。

首次斩获冬奥会金牌

进入21世纪，中国冬季运动水平取得了长足进步。2002年，美国盐湖城，中国运动员第7次征战冬奥会，72名运动员参加了短道速滑、花样滑冰、冬季两项、自由式滑雪等38个小项的比赛。

中国选手杨扬一鸣惊人。在短道速滑女子500米决赛中，杨扬击败保加利亚的叶夫根尼亚·拉达诺娃和队友王春露，为中国获得了第一枚冬奥会金牌。随后，她又与队友一起获得了女子3000米接力的银牌，并在女子1000米比赛中再夺金牌。而申雪、赵宏博也在欧美选手传统垄断的领域花样滑冰双人滑项目中奋力拼下了1枚铜牌。本届冬奥会上，中国队获得2枚金牌、2枚银牌、4枚铜牌的好成绩，位居奖牌榜第13位。

2006年，76名中国运动员参加了在意大利都灵举行的第20届冬奥会，参赛项目覆盖9分项47小项，其中跳台滑雪、单板滑雪为中国队首次参加的冬奥会项目。获得奖牌的覆盖面也有所扩大，进入前8名的有3大项14小项29人

杨扬在2002年盐湖城冬奥会短
道速滑500米决赛上冲刺

王濛、周洋、孙琳琳和张会夺得2010年温哥华冬奥会3000米接力比赛冠军，并打破世界纪录

次。冰上项目成绩看涨，王濛获得1枚短道速滑金牌，17个冰上项目中有10个项目的成绩优于上届。雪上项目进步明显，韩晓鹏在自由式滑雪男子空中技巧项目中夺得金牌，实现了中国雪上项目运动成绩的历史性突破；李妮娜获得自由式滑雪女子空中技巧银牌，徐囡囡、郭心心分别获得第4、6名。

中国队最终以2金4银5铜名列第14位，名次虽然比上届下降1位，但11枚奖牌总数已经创造了历史。

在2010年温哥华冬奥会上，中国队发挥出色，一共收获5金2银4铜，奖牌数与上届持平，但"含金量"创造历史最高，名次上升至奖牌榜第7位。

在短道速滑项目上，中国女队包揽了全部4个单项的金牌。其中，王濛不仅成功卫冕500米冠军，还夺得了1000米和3000米接力的金牌。她因此成为中国迄今获得冬奥会金牌（4枚）和奖牌（6枚）最多的运动员，以及首位

2010年温哥华冬奥会上的庞清、佟健

单届冬奥会获得3枚金牌的中国运动员。

已是第4次参加冬奥会的花样滑冰双人滑搭档申雪、赵宏博2007年曾宣布退役，并结为伉俪。但为了一圆冬奥会夺金梦想，他们两年后强势复出，并展示出更为纯熟的技艺。在温哥华冬奥会上，他们最终如愿夺冠，并创造了总分的世界纪录。中国另一对搭档庞清、佟健则获得了该项目的银牌。

在女子冰壶比赛中，中国队表现略有起伏，最终获得铜牌。

2014年索契冬奥会是中国参加的第10次冬奥会，共有66名运动员参加了4大项、49小项的比赛。3金4银2铜的成绩虽不及上届，但仍位居亚洲榜首，保持在世界第二集团之中。

本届冬奥会上，带给国人最大惊喜的是速度滑冰运动员张虹夺得女子1000米冠军，这枚金牌寄予了中国速滑项目几代人年的等待与期盼。男子短

截至2014年索契冬奥会，中国体育代表团共有45名运动员获得了53枚冬奥会奖牌，其中12枚金牌、22枚银牌、19枚铜牌。

张虹获得2014年索契冬奥会女子速滑1000米冠军

道队获得2银1铜，标志着中国男子短道速滑项目竞技水平的历史性进步。8个"90后"奖牌获得者则预示了未来的力量。

中国冰雪健儿的10次冬奥征程，记载着中国冰雪项目从无到有、从弱到强的发展历程。但与欧美冰雪强国相比，中国军团还属于冬奥会大家庭的新生力量，缺乏全面的竞争力。在项目上，雪车、雪橇运动在中国还没有开展，高山滑雪、越野滑雪等还有待突破。在地域上，冰雪运动的传统和基础仅局限于东北三省的少数城市。这对一个幅员辽阔、人口众多的大国而言，实在不成比例。发展和普及冬季运动，中国仍然任重道远。

一不小心创造了历史

05

祝贺北京！北京将成为第一座既举办过夏季奥运会，又举办过冬季奥运会的城市，而且是在14年之间，这具有历史意义。

——托马斯·巴赫

大国梦想

——北京为什么申办冬奥会？

2013年11月5日，新华网一则消息一石激起千层浪。消息说，中国奥委会宣布，北京市与河北省张家口市正式提出了联合申办2022年冬奥会的申请，中国奥委会经过研究，已于11月3日致函国际奥委会，提名北京为2022年冬奥会申办城市。按照国际规则，这次申办以北京市名义进行，由北京市承办冰上项目的比赛，河北省张家口市崇礼县承办雪上项目的比赛。

这则消息迅速引起了中外媒体的关注和热议，申办冬奥会的举动让许多人都略感突然。毕竟2008年奥运会刚刚过去5年，第2届青奥会转年又将在中国南京举行，这么快又要申办冬奥会了！外国人疑惑为什么又是中国，中国人疑惑为什么又是北京。而且，2018年冬奥会和2020年奥运会已经确定分别在韩国平昌和日本东京举行，从近几十年来主办城市遴选所遵循的"大洲轮流举办奥运会"的规律看，中国北京这次是在逆势冲击2022年冬奥会。在亚洲连续举办冬奥会，并且连续三届在亚洲举办奥运会似乎有些不太现实。

那北京为什么非要申办冬奥会呢？

助力中国梦：内聚力量 外树形象

在申办第一和第二阶段，国际奥委会发了两份调查问卷，要求申办城市回答。两份问卷的第一个问题都涉及"申办动机"。北京冬奥申委两次递交的答卷中，对动机问题的回答归纳起来有三层意思：第一，将带动3亿人参与冰雪运动，扩大世界冰雪运动版图；第二，将促进冰雪产业和京张区域绿色发展，开拓世界上最大的冬季体育市场；第三，将在最大范围内传播奥林匹克价值观，创造可持续的奥运遗产。这可视为促使北京申办冬奥会的三个主要理由。

关注申办进程的人们会留意到，申办期间，中国最高领导人习近平主席与新任国际奥委会主席巴赫多次会面。2013年11月19日，距中国宣布申办冬奥会后仅两周，巴赫就任主席后第一站即到访中国，习近平主席在人民大会堂会见他并接受了奥林匹克金质奖章。不到3个月，2014年2月6日，习近平主席应邀出席索契冬奥会开幕式，在索契会见巴赫并出席了巴赫举行的招待会。2014年8月16日，南京青奥会开幕当天，习近平主席在南京第三次会见了巴赫。三次无一例外都谈到了北京和张家口申办冬奥会，向巴赫明确表达了中国政府的支持立场和申办成功的希望。

2015年1月6日，北京冬奥申委在递交国际奥委会的《申办报告》中还刊印了习近平主席、李克强总理致巴赫及国际奥委会委员的支持信。7月31日，在吉隆坡举行的国际奥委会第128次全会陈述现场，习近平主席专门拍摄了致辞视频，表达对北京和张家口申办冬奥会的坚决支持。

三条理由能够说明申办的合理性，但尚不构成由最高领导人亲自推动申办的充分性。实际上，北京申办冬奥会的最大理由，或者说最大意义，与申办2008年奥运会一样，都与梦想有关。申办奥运会成功，圆了中国人的百年奥运梦；而申办冬奥会成功，将有助于展示实现"第一个百年"奋斗目标的中国梦。

"中国梦"的核心目标也可以概括为"两个一百年"的目标，也就是：到2021年中国共产党成立100周年时，全面建成小康社会；到2049年中华人民共和国成立100周年时，建成社会主义现代化国家。

在这样的重大时刻，举办一场全球瞩目的冬奥盛会，将极大地振奋民族精神，凝聚海内外中华儿女的力量，为实现中华民族伟大复兴而努力奋斗。同时，也将向全世界进一步展示我国改革开放成就、和平发展主张，提升我

国自信、开放、负责任的大国形象，增强国家软实力和国际影响力。这或许是中国决心申办2022年冬奥会的最大动力。

破局京津冀：各解其困 各得其利

党的十八大以来，以习近平同志为总书记的党中央基于大国复兴的历史使命，着眼中国和平发展的新趋势，推出了建设"一带一路"、京津冀协同发展和长江经济带三大国家战略，以此拓展优化国家发展空间布局，打造中国经济新的增长极，作为实现中国梦的战略支点。

京津冀协同发展战略于北京启动申办冬奥会3个多月后正式提出。2014年2月，习近平总书记先考察了北京，就明确首都定位、建好首善之区提出了要求。随后又主持召开了高规格的座谈会，听取京津冀三地汇报，强调京津冀地缘相接、人缘相亲，地域一体、文化一脉，历史渊源深厚、交往半径相宜，应当各自打破自家"一亩三分地"的思维定式，推动相互融合，实现协同发展。

京津冀协同发展战略的提出基于深远的历史背景和现实困境。京津冀地区同属京畿重地，濒临渤海，背靠太岳，携揽"三北"，战略地位十分重要。而在这些年的发展过程中，由于资源禀赋和政策倾斜，却造成了该区域经济、交通、环境、

京津冀协同发展

核心是京津冀三地作为一个整体协同发展，以疏解非首都核心功能、解决北京"大城市病"为基本出发点，调整优化城市布局和空间结构，构建现代化交通网络系统，扩大环境容量生态空间，推进产业升级转移，推动公共服务共建共享，加快市场一体化进程，打造现代化新型首都圈，努力形成京津冀目标同向、措施一体、优势互补、互利共赢的协同发展新格局。

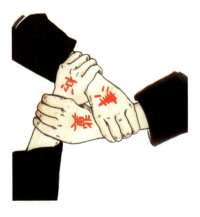

资源配置等诸多方面的问题，所谓"北京吃不下，天津吃不饱，河北吃不着"。京津两极过于"肥胖"，"大城市病"问题突出；而周边中小城市又过于"瘦弱"，特别是在京津周围环绕着25个贫困县，石化、高寒、干旱、少田，构成"周边塌陷"的"环首都贫困带"。一边是雄心勃勃急于跨入"世界城市"行列的现代都市，一边是仍然存在"走泥路""住旧房""没新娘"的集中连片贫困地区。这是全面建成小康社会必须要破除的障碍。

北京需要发展空间，天津需要发展质量，河北需要发展机会，这就是推动京津冀协同发展的现实背景。而根据三地的设想，协同推进的内容则包括基础设施相联相通、生态环境联防联控、产业发展互补互促，三地各展所长、各取所需、各解其困、各得其利。可是按照中国现行管理体制和行政思维惯性，统筹一省之内各地区之间的利益尚且存在困难和阻力，而要统筹三个省市之间协同发展谈何容易。

于是，联合举办冬奥会的战略决策应运而生。作为世界上规模最大的综合赛事，奥运会的筹办工作涉及基础设施建设、旅游产业发展、生态环境治理、赛事组织运行、综合服务保障等各个方面。如果京张两地联合申办和筹办冬奥会，就需要政府间的深度合作，赛事筹办将为协同发展提供强大推力，协同发展又为赛事筹办奠定坚实支撑。我们或许可以从中窥见中国政府选择京张联合申办，而不是由冰雪运动基础和实力更为雄厚的东北城市申办冬奥会的个中缘由。

普及冰雪运动：既可健身　又能赚钱

众所周知，习近平总书记是一位资深体育迷，非常喜爱足球运动，曾在会见外宾时表示，中国世界杯出线、举办世界杯及获得世界杯冠军是他的三个愿望。

2014年2月7日，习近平总书记在俄罗斯索契看望参加第22届冬奥会的中国体育代表团时说："冰雪运动不出山海关啊！如果能在关内推广，将能带动起两三亿人。奥林匹克运动就是要推动群众性体育运动，增强人民体质。举办一届冬奥会，将起到点燃冰雪运动火炬的作用。"

　　2014年2月，习近平主席专程出席了索契冬奥会开幕式，开创了中国元首出国出席国际体育赛事的先河。在索契，他看望了参加冬奥会的中国运动员，勉励他们说："我们每个人的梦想、体育强国梦都与中国梦紧密相连"，这是第一次把体育提到了强国的高度。也正是在这次座谈中，习近平主席提出了"举办冬奥会将带动起两三亿人参与冰雪运动"的重要论断，瞬间提升了北京申办的吸引力和竞争力。

　　"带动3亿人参与冰雪运动"是北京申办的最大亮点，也是重要理由。国际奥委会主席巴赫对此尤为欣赏，称"北京为我们勾画了将冰雪运动推广至数亿人的前景"。他表示，中国政府已经注意到体育的教育功能和社会作用，借助冬奥会促进冰雪运动普及，是国际奥委会最为赞赏之处。

首先，京张联合举办冬奥会，有助于在东北之外，在华北地区开辟一个国际性的冬季运动中心，激发更多人特别是青少年参与冰雪运动的热情，培育全民健身的习惯和健康向上的生活方式。习近平总书记曾在多个场合强调，没有全民健身就没有全民健康，没有全民健康就没有全面小康。从这个角度说，冬奥会是建设"健康中国"的重要路径。

其次，2022年冬奥会巨大的市场规模和增长潜力将带来不可估量的发展机遇。京张携手申办冬奥会后的第一个雪季，到崇礼滑雪的人数就增长了40%，2015年又增长了30%。以冰雪运动为突破口，将促进京张体育文化旅游带建设，带动体育、健身、旅游、休闲、住宿、餐饮及冰雪制造等产业发展，创造可观的就业机会和市场规模，帮助改善民生福祉，同时与全世界分享"中国机遇"。

再者，京张地区总体定位为生态功能涵养区，冰雪产业属于绿色低碳经济。大力发展冰雪经济有助于促进京津冀地区转方式、调结构，淘汰污染行业，加紧雾霾治理和生态保护。人们的环保意识也将因此增强，建设一个蓝天常在、青山常在、绿水常在的"美丽中国"为期不远。

群雄逐鹿

——申办城市简介

2012年10月3日，国际奥委会发布了申办2022年冬奥会邀约。作为备受瞩目的顶级赛事，各国竞相争取冬奥会举办权，瑞士圣莫里茨、德国慕尼黑、瑞典斯德哥尔摩、挪威奥斯陆等冰雪强手纷纷表示出极大的申办兴趣。

2013年11月14日，国际奥委会公布了正式提出申办的6个城市名单，其中并未提及瑞士和德国。瑞士圣莫里茨曾举办过1928年和1948年冬奥会，德国慕尼黑曾举办过1972年奥运会，又是新任国际奥委会主席巴赫的故土。两个具有相当竞争力的城市，都因民众反对（担心成本和环境问题）而放弃了申办计划。

6个申办城市，除中国北京外，还包括哈萨克斯坦阿拉木图、瑞典斯德哥尔摩、波兰克拉科夫、乌克兰利沃夫和挪威奥斯陆。2个亚洲城市，4个欧洲城市；其中3个还是首都城市。

诺奖故乡：斯德哥尔摩（Stockholm）

斯德哥尔摩，是瑞典首都，斯堪的纳维亚半岛第一大城市。它濒临波罗的海，梅拉伦湖入海处，风景秀丽，是著名的旅游胜地。市区分布在14座岛屿和一个半岛上，七十余座桥梁将这些岛屿连为一体，因此享有"北方威尼斯"的美誉。

斯德哥尔摩在英语里意为"木头岛"，城市始建于13世纪中叶。那时，当地居民常遭海盗侵扰，人们便在梅拉伦湖入海处的一个小岛上用巨木修建

斯德哥尔摩城市

2010年瓦萨滑雪节盛况，18000名选手参加比赛

了一座城堡，并在水中设置木桩障碍，以便抵御海盗，因而得名"木头岛"。另有一说法是，古时梅拉伦湖上漂浮着一根巨大的木头，引导来自锡格蒂纳的第一批移民至此，建立了这座城市，于是得名。斯德哥尔摩于1436年成为都城，1998年被授予"欧洲文化之都"称号。

斯德哥尔摩是阿尔弗雷德·诺贝尔的故乡。从未上过大学的诺贝尔，以发明黄色炸药和无烟火药闻名于世。诺贝尔用其遗产设立了诺贝尔奖。从1901年开始，每年12月10日诺贝尔逝世纪念日，都要在斯德哥尔摩音乐厅为获奖者举行隆重的颁奖仪式。

18世纪，瑞典也像其他欧洲国家一样，出现过"中国热"。坐落在斯德哥尔摩郊区皇后岛上的"中国宫"和"广州村"，以其独有的中国风格成为这个城市的名胜之一。位于城市以东的沙丘巴登地区曾是中国维新派领袖康有为居住过的地方。戊戌变法失败后，康有为流亡国外，作环球之行，曾到过瑞典。1909年他购下这里的一座小岛，修建起一座中国式园林，并取名"北海草堂"。

瑞典地处北欧，冬季漫长而多雪，滑雪成为人们最喜爱的运动之一。1922年开始举办的瓦萨越野滑雪节，是当今世界上规模最大的群众性滑雪比

克拉科夫2022年冬奥会申办标志

赛，全程90千米，迄今有三十多万人次完成了全部赛程。

作为1912年奥运会主办城市，斯德哥尔摩的冰雪运动也相当发达，具备举办冬奥会的基础条件。不过，2014年1月17日，在提出申请2个月后，斯德哥尔摩因市议会投票反对提供财政支持，宣布退出申办2022年冬奥会。

王朝故都：克拉科夫（Krakow）

克拉科夫，是波兰第三大城市，人口74万。它位于维斯瓦河上游，建于公元7世纪前后，10世纪前为维斯瓦族的城堡，1038年成为波兰王朝首都。以后数百年间迅速繁荣，14世纪至16世纪达到全盛时期，与布拉格、维也纳鼎足而立，是中欧三大文化中心。

克拉科夫的市集广场

18世纪瑞典人人侵后，克拉科夫日益衰落。随着统治王朝迁都华沙，这座风光了将近七百年的城市逐渐归于沉寂。之后两度受奥地利统治，1918年复归波兰。2000年被授予"欧洲文化之都"称号。

文艺复兴时期，波兰在很长时间内保持着欧洲最先进国家的美誉。而克拉科夫则是当时欧洲文化和科学中心，著名的天文学家哥白尼就曾在克拉科夫大学接受教育。1364年建校的雅盖隆大学名列欧洲最古老大学第6位。

从单一城堡发展为维斯瓦河两岸充满活力的新兴城市，克拉科夫成为中世纪欧洲首都的一个范例。市内古典的建筑物弥漫着中世风情，被誉为波兰最美丽的城市。二战期间，波兰全境陷入战火，仅克拉科夫幸免于难，完整保存了中世纪的旧城光华。

此次克拉科夫申办2022年冬奥会涉及两国三地，冰上比赛设在克拉科夫，高山滑雪比赛设在斯洛伐克高山滑雪胜地亚斯那，其余雪上比赛则设在波兰南部冰雪小城扎科帕内。

战火狮城：利沃夫（Lvov）

利沃夫，是乌克兰利沃夫州首府，乌克兰西部的政治、经济、文化、教育中心，人口86万，有"狮城"之称。它位于德涅斯特河与布格河上游之间的丘陵地带，1256年由达宁·加利奇斯基大公所建，并以其子的名字命名了这座城镇，1272年成为公国的首都。

利沃夫处于基辅、中欧和东欧通向黑海和波罗的海港口的交通要道上。优越的地理位置和优美的自然环境吸引了欧洲多个民族聚居于此，促进了城市快速发展。正因如此，它在历史上引起了多个国家的入侵和争夺，1349年归波兰管辖，1772年隶属奥地利，1918年又回到波兰，1939年最终回归乌克兰。

聚居这里的欧洲各民族亦将本民族的文化、艺术与宗教带到了利沃夫，

利沃夫2022年冬奥会申办标志

得天独厚的条件使其融合了中东欧和西欧国家厚重的历史积淀。这里风景旖丽迷人，建筑风格别致，历史悠久曲折，文化兼收并蓄，因而得来"小欧洲"之美称。2010年联合国教科文组织将利沃夫定为"欧洲古都"。

多民族聚居创造了灿烂的文化，也给利沃夫留下了沉重的包袱。苏联解体后，乌克兰东西部民众在"向东走"还是"向西走"问题上深度对立。2014年1月，亲欧的利沃夫宣布独立，造成乌克兰危机。3月，亲俄的克里米亚半岛举行全民公投，宣布脱离乌克兰，并入俄罗斯；5月，东部的顿涅茨克州和卢甘斯克州也宣布独立。乌克兰政局一发而不可收拾。2014年6月30日，在国际奥委会公布候选城市前一周，利沃夫出于国内政治局势考虑，退出2022年冬奥会申办。

利沃夫城市鸟瞰

奥斯陆城市鸟瞰

冰雪先河：奥斯陆（Oslo）

奥斯陆，挪威首都，坐落在奥斯陆峡湾顶端，三面环山，一面临海。据记载，1049年，哈拉尔三世国王把他的政府建在了艾卡堡山脚下奥那河与奥斯陆湾汇合处的土地上，并将此地命名为奥斯陆，意为"上帝的山谷"。1624年，一场大火烧毁了大半个奥斯陆。丹麦联合王国国王克里斯蒂安四世亲自设计了新城市的蓝图。新城市在其后的300年间与国王同名为"克里斯蒂安尼亚"，直到1925年，重新命名为奥斯陆。

奥斯陆面朝大海，背靠山峦，既有海滨城市的旖旎风光，又有依托高山密林的雄浑气势。经克里斯蒂安四世勾勒的城市，布局整齐，带有浓厚的

奥斯陆2022年冬奥会申办标志

中世纪色彩和独具一格的北欧风情。位于市中心的卡尔·约翰门广场周边，屹立着奥斯陆市政厅、国家剧院、挪威王宫等恢宏建筑。国家剧院前戏剧大师易卜生的雕像，供来自世界各地的游客驻足敬仰。这位出生在奥斯陆的伟大戏剧家创作的《玩偶之家》《群鬼》等名剧，让历史记住了他，也让世界认识了挪威。

挪威在世界冬季运动发展史上的贡献不可估量。1952年，第6届冬奥会在这里举行，某种意义上说，这意味着冬季运动回到了故乡。因为据现有史料记载，最早的越野滑雪、冬季两项和跳台滑雪比赛均始于挪威。1892年起，在奥斯陆郊区的霍尔门科伦山每年都会举行一场盛大的滑雪盛宴。这一天，奥斯陆男女老少走到户外参加滑雪运动，在冰天雪地间自由驰骋。2014年10月1日，已经进入2022年冬奥会候选城市之列的奥斯陆因为财政问题而被迫放弃申办2022年冬奥会。

苹果之城：阿拉木图（Almaty）

阿拉木图，曾是哈萨克斯坦的首都和经济、文化中心，阿拉木图州首府，中亚第一大城市，人口170万。它位于哈萨克斯坦东南部，东邻中国新疆，是丝绸之路的重要一站。哈萨克语意为"盛产苹果的地方"，因而又名"苹果之城"。

哈萨克斯坦共和国，位于亚洲中部，人口1760.8万，面积272.49万平方公里，是世界上最大的内陆国家。哈萨克一词在突厥语中意为"游牧战神"，15世纪末成立哈萨克汗国。19世纪中叶以后，全境处于俄罗斯统治之下。1918年3月建立苏维埃政权。1991年12月16日脱离苏联获得独立。

阿拉木图城市鸟瞰

　　1854年，一队由俄罗斯鄂木斯克出发的西伯利亚哥萨克军队在天山脚下建立了一个城堡，这就是后来的阿拉木图。阿拉木图城郊是一派宁静的北国风光。这里的群山峰峦起伏，气势磅礴的天山白雪皑皑，山峰上的白雪终年不化。从市区乘车沿盘山公路蜿蜒行驶，一路上高山流水，美景如画。当车爬行到半山腰时，回头望去，只见万绿丛中，一片长圆形的冰面洁白如玉，平滑如镜，它就是阿拉木图人的骄傲——麦迪奥高山人造冰场。

　　在哈萨克斯坦，人们习惯用著名人物的姓名来命名城市的街道，以表达对他们的敬意。冼星海1943年从莫斯科到达阿拉木图，在这里度过了他40岁生命历程的最后两年半时间，创作了一批传世佳作。为纪念这位伟大的音乐家，哈萨克斯坦在阿拉木图不仅命名了冼星海大街，还留存了冼星海纪念碑和冼星海故居。

　　阿拉木图是前苏联的冬季运动中心，具有深厚的冰雪运动传统。1997

ALMATY 2022
CANDIDATE CITY

阿拉木图2022年冬奥会申办标志

年，哈萨克斯坦将首都从阿拉木图迁至阿斯塔纳。2011年，这两座城市联合举办了第7届亚洲冬季运动会。2017年，阿拉木图还将举办第28届世界大学生冬季运动会。申办2022年冬奥会是阿拉木图继申办2014年冬奥会失利以后第二次申办冬奥会，事实表明，它完全具备举办冬奥会的条件和能力。

大国古城：北京和张家口

北京，是中华人民共和国的首都，全国政治中心、文化中心、国际交往中心和科技创新中心，也是闻名世界的历史古城和文化名城，现有人口2100多万。早在70万年前，北京周口店地区就出现了原始人群部落"北京人"。

北京最早见于文献的名称叫"蓟"。公元前11世纪，蓟国是统治中国北方的西周王朝的一个分封国。其后几经易名，公元938年以后，先后成为辽陪都、金上都、元大都、明清帝都。1949年10

北京天坛

月1日定名北京，并成为中华人民共和国首都。

北京拥有众多的文物古迹，故宫、长城、天坛、颐和园、明十三陵、周口店猿人遗址等，都被联合国列入世界文化遗产。

延庆位于北京西北部，三面环山一面环水，平均海拔500米以上，是首都西北重要的生态屏障，有"夏都"、首都"后花园"之美誉。境内海坨山为北京第二高峰，每年除盛夏外都有"海坨戴雪"胜景。

2008年，北京成功举办了第29届奥运会，创造了奥运史上无与伦比的巅峰。时隔5年之后，又携手张家口开启了申办2022年冬奥会的旅程。

张家口，隶属于河北省，又称张垣、武城。据史料记载，公元1529年，守备张珍在北城墙开一小门，因门小如口，由张珍开筑，故称张家口，并沿用至今。它地处京、冀、晋、蒙4省交界处，市区距北京180千米，历来为北方军事重镇，是拱卫京畿的西北门户，沟通中原与北疆、连接环渤海经济圈和西北内陆资源区的重要枢纽。

200万年前，东方人类开始在张家口泥河湾繁衍生息。5000年前，黄帝、炎帝、蚩尤"三祖"在张家口涿鹿"合符釜山"（会盟之意），开启中华文明先河。境内有历代长城达1800千米，被誉为"中国长城博物馆"。与丝绸之路相媲美的古张库大道从这里起始，与广州并称中国的"陆水双码头"。

冬季的延庆小海坨山

张家口大镜门

1909年，中国人自行建造的第一条铁路京张铁路通车，张家口迎来了早期工业文明，不到二十年的时间，便发展成全国第四大工业城市。

张家口全市草原、河川、丘陵、山区相间分布，自然风光秀丽，空气质量优良，是"春赏花、夏避暑、秋观景、冬滑雪"四季皆宜的旅游度假胜地。张家口市崇礼区地处内蒙古高原与华北平原过渡地带，素有"八山一水一分田"之说。独特的局地气候给崇礼带来了丰富的冰雪资源，20年来全区已建成多家知名滑雪场，以太子城冰雪小镇为中心，场地布局高度集聚，为承办2022年雪上比赛奠定了基础。

狭路相逢

——申办形势分析

如果不是4个欧洲城市一个接一个退出申办，北京似乎没有讨论申办形势的必要。退一步说，即使其他3个城市退出了，只要进入候选城市的奥斯陆能够挺到最后，人们普遍认为，北京和阿拉木图也将机会无多。然而，历史发展总有出其不意的偶然性，奥斯陆最后也选择了自我淘汰，使得北京和阿拉木图两个亚洲城市从三足鼎立走到了双城对决的境地。

那么谁的胜算多一些呢？

241千米是不是问题？

无论奥运会还是冬奥会，国际奥委会出于赛事组织和交通运行的方便性考虑，始终追求场馆的集聚度，要求所有的竞赛和非竞赛场馆相对紧凑。根据这一原则，往届的冬奥会组委会往往设置相距不远的两个赛区，冰上比赛安排在城里，雪上比赛安排在郊区。

北京为2022年冬奥会设置了3个赛区，北京赛区进行冰上比赛，延庆赛区和张家口赛区进行雪上比赛。按照现有道路体系，北京奥运村距离延庆奥运村91千米，距离张家口 241千米。三地布局、超过200千米的交通距离，以及由此带来的漫长的赛时交通时间，一度被认为是京张申办的明显短板。

但分析各申办城市的答卷后可以看到，相比之下，克拉科夫场馆分布于两国三地，最远距离超过180千米；奥斯陆场馆分布于奥斯陆和利勒哈默尔两地，相距也有180千米；利沃夫两地最远相距约185千米。3个城市都没有高铁，最远两地之间的交通时间明显多于京张高铁的50分钟。虽然阿拉木图

雪后的高速铁路

场馆都分布在半径35千米之内，但场馆分散多处，集聚度不够，山区公路通行时间也超出60分钟。

所以，赛区多、距离长对北京而言并不是问题，反而因为高铁还略占优势。

"大洲轮换"遭遇了尴尬

国际奥委会关于6个申办城市的名单一公布，许多奥运专家和媒体都纷纷捧出"大洲轮换"的规则，认为北京和阿拉木图应该最没戏。理由是2018年冬奥会已经落户韩国平昌，2020年奥运会也已确定日本东京，这两个都是东亚城市，让连续两届冬奥会、三届奥运会都在亚洲圈打转，这是"不可能完成的任务"。

所以当奥斯陆与北京、阿拉木图一起成为候选城市，而奥斯陆又领跑国际奥委会《2022冬奥会工作组报告》评分榜的时候，几乎所有人都笃定2022

年冬奥会主办城市非奥斯陆莫属。

实际上，明确规定各大洲轮流坐庄主办赛事的是国际足联，而不是国际奥委会。国际足联推出的这一规则从2000年开始执行，7年之后便匆匆取消。顾拜旦生前曾提出过各大洲轮流举办奥运会的设想，过去几十年中，国际奥委会为了推动奥林匹克运动在全世界普及，在遴选奥运会主办城市时体现出了一定的"大洲轮换"色彩，但《奥林匹克宪章》从来没有明文规定连续两届奥运会不能在同一个大洲举办。近年来，国际奥委会也在努力改革申办规则，始终强调只会选择最合适的城市主办奥运会。

《奥林匹克宪章》（2015年8月版）

让人意想不到的是，"差钱"的欧洲城市全部退缩了，只留下两个亚洲城市，无论谁胜出，连续两届冬奥会都必然在亚洲举行。不过，阿拉木图仍然反复强调自己是"欧亚文化交汇的地方""完全被欧洲化了的城市"，既不完全属于欧洲，也不完全属于亚洲，希望以此吸引国际奥委会欧洲委员的选票。

谁都有不下雪的时候

"燕山雪花大如席，片片吹落轩辕台。"一千多年前，面对燕北寒风，诗仙李白写下如此的诗篇，仿佛是北京和张家口的时光剪影。可是在

因气候、地形、雪质等影响，自然降雪很难满足滑雪场需求。当今，利用人工方式将其他地方的自然降雪运送至雪道，或使用造雪机造雪，已经成为国际赛事的通行做法。

2014—2015雪季，在国际奥委会评估委员会即将实地考察、滑雪场最需要天降瑞雪的关键时刻，雪花却没有及时落下来。

一时间，有境外媒体阴阳怪气地说，冬天不下雪，却硬要申办冬奥会，真是连老天爷都不愿意帮忙。社会上也一度认为，延庆和张家口赛区冬季气温过低，降雪偏少，可能是申办的一个劣势。另外也有批评的声音说，京张地区天寒少雪，又干旱缺水，如果赛事申办成功，赛时自然降雪达不到比赛要求，势必会采用人工增雪或造雪措施。这会带来一系列问题，如修建调水设施不仅会增加办赛成本，还会造成水资源的污染和浪费，滑雪场赛后运营也难以实现可持续。

经对比，各申办城市高山滑雪场的最低气温都在零下20摄氏度以下，各

雪后的张家口崇礼雪场

地都有年度零降雪的历史记录，加上人工造雪和提前储雪方法的普遍运用，北京在气温和降雪这两个自然条件上劣势并不明显。

至于国内外关注的雾霾问题，其实不仅是北京的"槽点"，处于山谷地带的阿拉木图同样深陷"十面霾伏"，只是没有广为人知。这一点上，北京正视的态度和强力的措施正在获得国际社会的理解和信任。

"不差钱"才是王道

雪不够可以造，经验不足可以学，但是像场馆、酒店等冬奥会必备设施的改造和新建，非有真金白银则是办不到的。奥斯陆等城市中途而退，除利沃夫因为国内政局动荡，其他无一不是由于囊中羞涩所致。

北京首都国际机场T3航站楼

北京CBD夜景

从冬奥会所需的硬件基础看，尽管阿拉木图早已是冬季运动中心，但北京仍然略强一些。拿场馆来说，2008年奥运会为北京留下了一系列宝贵的场馆资源。北京、张家口计划启用12个竞赛场馆，其中6个需要新建，其余场馆改造后即可满足赛事需要。北京市区仅仅需要新建一座速滑馆。而阿拉木图的竞赛场馆多达14个，8个已有场馆正在使用，其余6个需要新建。虽然新建场馆数量一样，但北京和张家口人口基数大，场馆相对分散；而阿拉木图人口基数小，场馆相对集中在一个小区域，如何让这些场馆赛后成为积极遗产而不是沉重包袱，显然是个无解的难题。

再看接待能力，阿拉木图的《申办报告》显示，6年内计划新建三星至五星级酒店房间4300间，占到现有星级酒店房间数的60%，另外还要专门为举办冬奥会新建其他类型的住宿设施9600间，不仅建设任务繁重，赛后利用同样堪忧。而北京市区的住宿能力已经过2008年奥运会的验证，延庆、张家口作为飞速发展的旅游城市，接待能力也不存在任何挑战。

同时，首都国际机场已有109条国际直达航线，年接待旅客达到8250万人次，高峰小时可起降航班114架次。正在建设的新国际机场，具有同等规模，将于2019年投入运营。相比之下，阿拉木图国际机场虽然是哈萨克斯坦的最大机场，但只有47条国际航线，年接待旅客430万人次，很难满足冬奥会的国际交通需求。

在经济实力上，2014年北京地区生产总值是22730亿元，而阿拉木图仅为2480亿元，二者根本不在一个数量级上。中国经济的稳定发展和巨大体量，远远超过经济与石油挂钩的哈萨克斯坦。而中国发展全球冬季运动最大市场的雄心，也比哈萨克斯坦的冬奥蓝图更具吸引力。

更重要的是，中国领导人在不同场合对京张申办给予强力支持，民众的冬奥热情也被逐步唤起，支持率不断攀升。比起欧洲国家在财政担保上的观望、迟疑乃至退缩，中国人"不差钱"的强大经济实力，让北京的申办优势在对比之下越发明显。

筑梦之旅
——申办过程解读

从大处着眼，从小处着手，能恰到好处地说明北京申办2022年冬奥会的特点，那就是愿景不妨宏大一些，而目标和措施却要低调而务实。其实，在欧洲冰雪强国特别是最大热门城市奥斯陆退出之前，北京并没有做好胜出的打算。

随着各路"冰雪大佬"纷纷打道回府，北京才不断调整申办目标和策略，从重在参与，到争取入围，再到退无可退，整个申办过程就像过山车一样，一路跌宕起伏，让人心潮澎湃。

轻轻松松便入围

北京和张家口并不是中国申办冬奥会的第一个城市。2002年，北国冰城哈尔滨曾申办2010年冬奥会，因评分没有进入8个申办城市的前3名而无缘候选城市的入场券，止步于第一阶段。

在申办2022年冬奥会时，北京的申办团队最初确定的工作目标是，希望能在申办中走得比哈尔滨更远一点，争取入围候选城市，以便为下一次申办积累一些经验。为此，北京市、河北省和国家体育总局联合组建了冬奥会申办委员会，负责推进申办工作。中国政府还专门成立了一个领导小组，由国务院副总理牵头，为申办工作提供指导和支持。

梳理冬奥会申办史，我们看到，尽管前23届冬奥会中有多达10个城市是第一次出手申办就获得了主办权，但那多是在早期。最近几十年来，申办冬奥会像申办奥运会一样竞争激烈，每次都有5个以上城市参与角逐。虽然有瑞士圣莫里茨、奥地利因斯布鲁克、美国普莱西德湖3个"幸运儿"曾两次举办冬奥会，但也是20世纪80年代以前的事情了。

像意大利科蒂纳丹佩佐、加拿大卡尔加里和温哥华、美国盐湖城、韩国平昌，都是经过3次申办才获得了主办权；而芬兰拉蒂、瑞士锡永、保加利亚索非亚、瑞典俄斯特松德和西班牙哈卡这5个城市，堪称不折不扣的"倒霉蛋"，都曾历经3次申办却依然空手而归。

对北京冬奥申委而言，整个申办工作可以简单概括为两大阶段、五大任务。按照规定，2013年11月至2014年7月为第一阶段，6个申办城市根据国际奥委会的第一份调查问卷撰写申办答卷，国际奥委会执委会据此投票选出3至4个候选城市；2014年7月至2015年7月为第二阶段，候选城市根据国际奥委会第二份调查问卷撰写《申办报告》，并接受国际奥委会评估委员会的实地考察，再向国际奥委会委员做两次陈述，最终由全委会投票选出主办城市。

从宣布申办开始，尽管申办机构尚停留在文件层面，但依托北京奥运城市发展促进会组建的一个工作小组，就开始夜以继日地工作了。针对第一份问卷提出的11个主题101个问题，工作小组秉承"贯彻中央精神、遵循国际惯例、借鉴往届经验、突出京张特色"的原则逐一做了回答。答卷中确定了申办的愿景、理念、标志和赛区设置，构建起2022年冬奥会的基本框架。

2014年3月4日，冬奥申委入驻北京奥运大厦，开始集中办公。3月12日，正式向国际奥委会递交了申办答卷。5月8日，应国际奥委会2022工作组要求，冬奥申委通过视频会议做了主题陈述，回应了空气污染治理、交通保障等问题。也正是在这次会议上，冬奥申委向国际奥委会强调了北京是"安全、可靠、零风险的选择"。

7月7日是国际奥委会预定公布候选城市的日子。可在此之前，6个申办城市中一半已经放弃了，斯德哥尔摩甚至连申办答卷都没有交上。剩下的3个申办城市让国际奥委会选无可选。于是，北京与奥斯陆、阿拉木图毫无悬念地成为候选城市，轻松进入第二阶段。

从三足鼎立到双城对决

入围候选城市，第一阶段的目标达成了，这让北京的申办团队倍感兴奋。冬奥申委迅速在8月1日召开了第一次全体委员会议，提出要以争取最终主办权为目标，全力以赴做好第二阶段的申办工作。

北京冬奥申委立即着手研究国际奥委会的第二份调查问卷，制定《申办

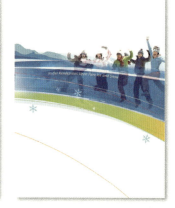

《北京2022年冬奥会申办报告》（1—3卷）封面

报告》编写方案。从政府部门、高等学校和科研机构抽调的上百名专家陆续到位，组成14个专题组和4个工作组，紧锣密鼓地进行攻关研究和撰稿。

《申办报告》包括3卷、14个主题、196个问题，它在答卷确定的框架下进一步描绘了2022年冬奥会的蓝图，是国际奥委会委员做出投票选择的重要参考。第1卷主要阐释北京和张家口关于办好2022年冬奥会的设想和条件，包括制定愿景、遗产和参与计划，明确总体理念和可持续发展规划，在政府和公众支持、法律事务、财政支持、市场开发等领域做出承诺。第2卷主要介绍2022年冬奥会的赛事安排与场馆规划，包括制定赛事日程，规划场馆布局，明确残奥会计划和奥运村建设规划。第3卷主要描述2022年冬奥会的综合服务保障，包括细化安保、医疗、住宿、交通和媒体运行等具体计划安排。

因为《申办报告》从撰写、翻译到印制、递交，不足半年时间，所以中文撰稿、外文翻译、绘表配图、设计排版等工作多半是交叉进行的。2014年7月至11月，冬奥申委完成了7个国际冬季单项体育联合会的技术考察和场地确认，并于12月前收到了他们出具的全部认证书。工程规划团队反复修改完成了3个赛区的赛场规划设计。财务预算团队完成了庞大的预算编制工作，呈现在《申办报告》中仅有寥寥数页的预算表格，附加的编制说明就有二百多页。

《申办报告》编写过程体现了集团作战的精神，前后共有205人参加编写工作，191家政府部门和社会单位提供了专业支持及164份保证书。

最初写申办答卷时，面对5个强大的申办对手，策划的内心是忐忑的，很难说有什么底气；到写《申办报告》的时候，形势日渐明朗，但国际奥委会的技术评分让人喜忧参半，前有备受青睐的"学霸"奥斯陆，后有紧追不舍的"励志生"阿拉木图，让北京倍感"压力山大"。

北京时间2014年10月2日凌晨，编写《申办报告》最吃紧的时候，从挪威传来消息，由于执政党就是否对奥斯陆申办冬奥会给予财政支持进行投票，结果反对票胜出，挪威政府撤销了对申办工作的财政支持，奥斯陆只得黯然退出。

一夕之间，从三足鼎立变成双城对决，北京与阿拉木图进入短兵相接的困局，当然也造就了一次千载难逢的机会。"大洲轮换"的规则被无情打破了，京张令人担心的"比较劣势"一定程度上可以被淡化了，而同时，一流的场馆设施、丰富的办赛经验、坚实的资金保障、高效的政府运作，这些显而易见的优势则被进一步放大了。

这自然增加了北京的胜算，也普遍增加了国人的信心。许多不熟悉申办规则也不了解阿拉木图的人，认定北京胜出已是板上钉钉了。实际上，阿拉木图场馆布局紧凑，自然降雪充沛，在自然条件上占有优势，与北京相比确是各有所长。双方竞争短兵相接，势均力敌，申办团队只能咬紧牙关，背水一战。

花尽心思去陈述

2015年1月6日，北京的《申办报告》和保证书如期递交到国际奥委会。至此，距主办权揭晓还有半年时间，被称为"两写三说"的申办期间五大任务中，"两写"——写申办答卷、写《申办报告》已顺利完成，"三说"——3月向评估委员会陈述、6月向全体委员做技术陈述、7月向全会做最终陈述，开始马不停蹄地准备起来。

说与写的区别在于，写是编织静态的冬奥会蓝图，而说可以更直观、更深入地向评估委员会和全体委员解读我们的申办蓝图。陈述的内容以《申办报告》为基准，基本要求是做到"不重复、不跑题，有亮点、有回应、有承诺"。具体而言，就是陈述稿不能简单重复《申办报告》内容，不可偏离《申办报告》范围；要围绕"三大理念"把我们的愿景、规划讲清楚，优势要特别突出，短板要正面解决，对国际奥委会的重要关切要毫不犹豫地给出明确承诺，坚定他们对北京和张家口的信心。

具体到三次陈述，因其对象不同定位也有所不同。评估委员会是一个由各业务领域专家组成的技术团队，他们的任务是阅读《申办报告》，实地考察场馆，听取陈述，提出问题，根据互动情况，撰写评估报告，供国际奥委会投票做参考。因此迎评陈述主要偏重专业性。6月在洛桑的陈述对象是国

2022年冬奥会评估委员会在北京延庆考察

际奥委会委员、行政部门负责人及国际冬季单项体育联合会主席和秘书长，这是一次闭门会议，会上不仅听取候选城市陈述规划和构想，还会听取评估委员会的汇报，并会向候选城市提出实质性、尖锐性问题，因此这次陈述既重专业性也重感染力，通过坦诚沟通、解疑释惑，最大限度增进委员对北京和张家口的了解。7月31日在吉隆坡向国际奥委会第128次全会的最终陈述是申办的最高潮部分，将向全世界直播，是北京争取主办权的最后决战，因此重在情感传递、亮点展示、特色传播。

明确了三次陈述的不同定位，后续的准备工作大致类似，主要围绕选人、写稿、做片、备答、演练等环节，针对特点进行认真准备。

选人，就是精心遴选陈述人。迎评陈述人均是专业人士，冬奥申委当时确定的选人原则是懂专业、外语好、有代表性，有奥运经历者优先、女性优先。14个陈述主题，分解成17个陈述单元，17名陈述人中女性达到8人，每个单元大致是15分钟陈述、15分钟答疑。洛桑陈述和吉隆坡陈述中，鉴于总陈述时间控制在45分钟内，因而陈述人分别减至8人和9人，冬奥申委进行了精心组合，其中既有中国政府、中国奥委会、主办城市官员，也有体育、规划、财务等技术专家和运动员代表。

写稿，就是量身打造陈述稿。先从整体着眼，制定陈述大纲和陈述要点；再针对每一位陈述人的身份、风格及陈述内容，来撰写和润色陈述稿。写稿时既要最大限度地呈现京张的优势，也要就存在的短板问题提出合理的解决方案，同时，还要充分考虑到中、英两种语言的转换问题，确保用简洁有力的词句传递我们的实力和信心。

做片，就是制作配合陈述的幻灯片和宣传片。制作团队紧扣陈述内容和特点，用视觉语言展示北京申办的决心、热情和能力。与陈述同步播放的幻灯片要画面精美，与陈述交相呼应；穿插在陈述中间的宣传片要构思精巧，用国际语言讲好中国故事，充满震撼力。吉隆坡陈述中，播放了4部宣传片。开篇30秒的《紫气东来》，浓缩展现了北京千年古都、奥运之城的魅力；第二部片《万事俱备》具体介绍了3个赛区的场馆规划；名为《江山代有才人出》的第三部片展示了冰雪运动在中国的悠久历史，以及如今蓬勃发展的景象；第四部片名为《不虚此行》，全面展现了如在长城脚下、春节期间举办2022年冬奥会，将给奥林匹克大家庭带来完全不同的体验。

备答，就是预测评估委员会和国际奥委会委员可能问及的问题，字斟句酌地准备答题口径。陈述人与14个专题组共同参与了这项工作，备答题库一度接近400道题，几乎涵盖了与申办有关的各种热点、重点、难点问题。

演练，就是把陈述人、幻灯片、宣传片、问答环节等融在一起，按照陈述流程反复进行集中演练，不断调整优化内容和表达，不断改进衔接配合，

2015年7月31日，北京申奥代表团在国际奥委会第128次全会上陈述

力求做到熟能生巧、精益求精。面向国际奥委会委员的两次陈述均演练了10次以上，可谓费尽了功夫、花尽了心思。每个人的陈述时间精确到秒，每一句话、每一个动作和发音、每一个转场和呼应，都经过精心设计和推敲，以求达到最佳陈述效果。

陈述人中，冬奥会短道速滑冠军杨扬唯一参加了3次陈述。她不是一个人在战斗，参加陈述时她已身怀六甲，按她自己的话说，"算一个半人吧"。作为国际奥委会中国籍委员，杨扬在这次申办中没有投票的权利，但她竭尽全力帮北京做争取委员支持的工作。

来自清华大学建筑学院的张利教授参加了迎评陈述和洛桑陈述，还在吉隆坡陈述中担任了答疑嘉宾。他一口标准的"伦敦音"让英国籍委员也不禁竖起了大拇指。吉隆坡陈述中，很多人被《万事俱备》中解说的声音所吸引，

为这部宣传片配音的正是张利。

著名媒体人杨澜是在洛桑陈述前加入到陈述人团队中的，这已是她第三次参与北京申奥。北京申办2000年奥运会时，杨澜是代表团随行记者；申办2008年奥运会时，她担任了陈述人。这次担任陈述人，杨澜担负了更多的任务，因为法语是国际奥委会官方语言之一，说法语的委员为数不少，他们很乐于听到有人用法语陈述，能增加印象分。大家商量以后，只好让英语科班出身的杨澜临阵磨枪，来完成这个任务。

最后陈述中，9位陈述人中有3位运动员代表，可谓阵容强大。除杨扬外，篮球明星姚明和"雪上公主"李妮娜也加入到这个团队。姚明一上来就展示了自己独有的"姚式幽默"，他说："中国人人都参与冬季运动，包括我。世界上大部分地区的篮球赛季，都是在冬天进行的，所以我把篮球看作冬季项目。"李妮娜为了做好陈述，恶补英文，"睡觉的时候在梦里都在背稿

杨扬、姚明、李妮娜在陈述现场

巴赫宣布北京获得2022年冬奥会举办权

子"，最终赢得了赞赏。她说，自己在奥运赛场上没有拿到金牌，这次通过努力，终于拿了一块"奥运金牌"。杨、姚、李这个代表着更快、更高、更强的组合，在台上彼此开着玩笑，以充满自信和幽默的方式向全世界的运动员发出了邀请。

　　功夫不负有心人。2015年7月31日11点55分开始，由国务院副总理刘延东领衔北京申奥代表团9位陈述人向国际奥委会委员和全球观众，呈现了一场高水平的陈述。当晚17时57分，国际奥委会主席巴赫在马来西亚吉隆坡国际会议中心宣布，北京赢得了2022年第24届冬季奥运会主办权。

　　北京成为第一个举办过夏奥会又将举办冬奥会的城市，创造了历史。

2015年7月，国际奥委会共有100名委员和一名荣誉委员亨利·基辛格。根据规定，荣誉委员无投票权，国际奥委会主席不参与投票，来自申办城市所在国家和地区的委员也须回避，因此，应有96名委员参加投票。由于国际足联主席约瑟夫·布拉特等11名委员缺席第128次全会，实际上只有85名委员投票，且1人投了弃权票。最终，北京以44∶40的微弱优势战胜阿拉木图。

06 纯洁的冰雪 激情的约会

让全世界不同地域、不同文化、不同信仰的人们相聚北京和张家口，共享冬季奥林匹克运动带来的激情与欢乐！

——节自《北京2022年冬奥会申办报告》

体育带来希望

——北京2022愿景与理念

在国际奥委会两次调查问卷中，均问及北京申办冬奥会的动机、愿景、理念和遗产规划问题。这4个关键词涉及申办的核心问题，简言之，动机就是为什么申办，愿景是办成什么样，理念是具体怎么办，遗产是办完冬奥会之后留下什么。北京冬奥申委深思熟虑之后，对此做出了满意的回答。

愿景：纯洁的冰雪 激情的约会

愿景往往是一个相对宏观和抽象的概念，需要众人长期奋斗才能接近或实现。它通常包括3个基本要素：一是大家愿意看到的，或是符合大家期望的；二是大家可以为之努力的，或是大家能够参与其中的；三是大家通过努力可以实现的，或是无限接近终极目标的。换句话说，愿景通常是一个集体美好的梦想，具有前瞻性、凝聚力、清晰度。

一般认为，作为一届冬奥会的申办城市，申办团队提出的愿景应该符合三个要求：一是简单清晰，容易记忆、便于传播；二是富有感召力，震撼人心、催人奋进；三是与国际接轨，引起共鸣、沟通世界。例如，索契申办2014年冬奥会提出的愿景是"通向未来之门"（Gateway to the future），平昌申办2018年冬奥会提出的愿景是"新时空"（New horizon），它们都在凸显创新性的同时给世人留下深刻印象，特别是得到了国际奥委会委员的高度认同，为两座城市的申办工作增色不少。

北京三次申奥过程中，申办愿景也与时俱进，呈现出从"以我为主"的需求导向到"回归体育"的目标导向变化。20世纪90年代初申办2000年奥运会时，"开放的中国盼奥运"体现了步入改革开放时代的中国人强烈呼唤奥

'93 国际奥林匹克日
INTERNATIONAL OLYMPIC DAY '93
开放的中国盼奥运
A more open China awaits 2000 Olympics.

北京申办2000年奥运会明信片

运的心声。世纪之交申办2008年奥运会时，"新北京，新奥运"把准了北京与奥林匹克运动相互融合、相互助力、相映生辉的脉搏。

此番申办冬奥会，时代在进步，世界在变化，申办团队经过上上下下数轮讨论酝酿，最终将"纯洁的冰雪，激情的约会"确定为北京2022年冬奥会的愿景，并在递交国际奥委会的申办文件中阐述了它的深刻寓意：一是致力于传播和践行奥林匹克理念和价值观，让冬季运动融入大众生活，开发中国乃至亚洲广阔的冬季运动市场；二是致力于点燃中国冬季运动全面发展的火炬，直接带动中国3亿人参与冰雪运动，大幅提高青少年冬季运动的参与度和普及率；三是致力于成为带动地区可持续发展的新典范，加速京张体育文化旅游带建设，促使京津冀地区成为中国经济增长的新引擎和人口资源环境可持续发展的示范区。

北京2022年冬奥会申办海报

"纯洁"一词在汉语中含义丰富，寓意北京将为冬奥会提供纯净优美的生态环境、纯正公平的竞赛环境、纯美和谐的社会环境。

理念：以运动员为中心、可持续发展、节俭办赛

如果将愿景比作一届奥运会的蓝图，那么理念就是这张蓝图的背景色彩。秉承"纯洁的冰雪，激情的约会"的美好愿景，结合奥林匹克运动的宗旨和中国的发展要求，北京冬奥申委将"以运动员为中心、可持续发展、节俭办赛"确定为北京办好2022年冬奥会的三大理念。

三大理念看似中规中矩、平淡无奇，却深谙国际奥委会的长远规划和改革精神。三大理念确定于2013年12月，国际奥委会在2014年12月召开的第127次全会上，一致通过了巴赫主席主导的《奥林匹克2020议程》，确定了可持续、公信力、青少年三大统摄性主题。而北京的三大理念正与《奥林匹克2020议程》的改革精神不谋而合。

◉ 坚持以运动员为中心　运动员是奥运会的主体。办赛过程中以方便运动员为首要标准，在训练、竞赛、住宿、交通、餐饮、医疗、文化交流等环节为运动员提供一流服务，帮助每个运动员发挥最佳水平，实现梦想。奥林

匹克大家庭及其他客户群也将享有优质服务，获得难忘体验。

● 坚持可持续发展　体育赛事和城市发展应当是良性互动的关系。把冬奥会规划纳入京津冀协同发展国家战略，推动冬奥会申办、筹办与城市生态环境改善、经济发展和社会进步紧密结合起来，树立奥林匹克运动与城市良性互动、共赢发展的典范，创造更多积极、持久的奥运遗产，更好地惠及公众。

● 坚持节俭办赛　充分利用2008年奥运场馆和现有设施，尽量缩减新建场馆数量。注重与区域发展战略融合，设置多赛区，适度分散场馆，充分依靠社会力量进行建设和赛后利用。坚持科学、严谨、审慎、可行的原则编制冬奥会预算，以市场为主渠道筹集资金，最大限度地降低办赛成本，增加社会福利。

标志：墨舞冬奥

与愿景和理念相比，奥运会标志由于可视化而给人们留下更加直观的印象。或许一届奥运会的愿景和理念经过数年被人遗忘，但是它的标志往往成为人们心中永恒的纪念。

2014年8月1日，经过层层筛选，以中国书法"冬"字为创作主体的北京2022申办标志在北京冬奥申委第一次全体会议上亮相。这个名为"墨舞冬奥"的标志将抽象的滑道、冰雪运动形态与书法巧妙结合，人书一体，天人合一；"冬"字下方两点顺势融为2022，生动自然；标志的下方则是国际奥委会的五环标志，将中国传统文化与奥林匹克精神相融合。

北京2022年冬奥会申办标志

"墨舞冬奥"的创意灵感来自中国书法，与2008年奥运会会徽"舞动的北京·中国印"一脉相承，既展现了冬季运动的活力与激情，更传递出中国文化的独特魅力。

灵活产生效益

——北京2022三大赛区

北京2022年冬奥会计划于2022年2月4日开幕，2月20日闭幕。以往历届冬奥会一般设置冰上项目和雪上项目两个赛区，有的主办城市为了彰显其赛事场馆的高度集聚，甚至仅设置一个赛区。北京史无前例地沿北京—延庆—张家口一线设置3个赛区，将25个竞赛场馆和非竞赛场馆布局其中。

《申办报告》中国家速滑馆效果图

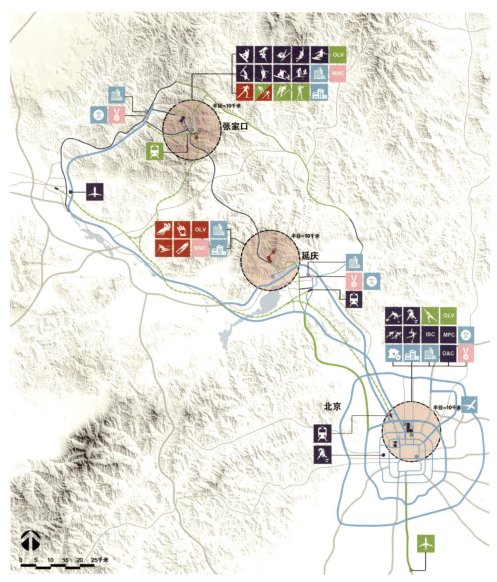

《申办报告》中北京、延庆、张家口三个赛区规划图

奥运之城：北京赛区

北京赛区坐落于北京市区，以奥林匹克公园中心区为主。赛区共设竞赛和非竞赛场馆12个，其中5个竞赛场馆包括改建的国家游泳中心、国家体育馆、五棵松体育中心、首都体育馆和新建的国家速滑馆。这既体现了北京作为2008年奥运会主办城市拥有大量的体育场馆资源，又体现了我们对奥运遗产的充分利用。

北京赛区竞赛场馆一览表

类别	场馆名称	场馆现状	承担项目
竞赛场馆	国家速滑馆	新建	速度滑冰
	国家游泳中心	改造	冰壶
	五棵松体育中心	改造	女子冰球
	国家体育馆	改造	男子冰球
	首都体育馆	改造	花样滑冰 短道速滑
独立训练场馆	首体短道速滑馆	新建	
	首都滑冰馆	改造	
	首体综合馆	改造	
非竞赛场馆	北京奥运村	新建	
	国家体育场	改造	开闭幕式
	国家会议中心	改造	主新闻中心 国际广播中心
	北京颁奖广场	临建	

◉ 国家体育场 俗称"鸟巢"，因由一系列钢梁围绕碗状座席区编织而成，形似"鸟巢"而得名。位于北京奥林匹克公园南部，作为北京2008年奥运会主体育场，承担了开闭幕式、田径比赛和男子足球决赛等赛事活动。奥运会后主要用于举办国际赛事、演出和文体休闲活动，也是著名的旅游景点。2022年冬奥会开闭幕式将在这里举行。

◉ 国家游泳中心 俗称"水立方"，毗邻"鸟巢"，是北京为2008年奥运会修建的主游泳馆，也是标志性建筑物之一。2022年将用做冰壶赛场。

◉ 国家体育馆 俗称"折扇"，位于"水立方"北侧，是北京奥运会三大主场馆之一。2022年将成为男子冰球赛场。

◉ 五棵松体育中心 位于北京西四环五棵松桥东北角，是2008年北京奥运会篮球比赛场馆。2022年将承办女子冰球比赛。

◉ 首都体育馆 修建于1968年，是北京重要的体育文化活动场所之一，是

"水立方"夜景

2008年奥运会排球比赛和训练场地，2022年将成为花样滑冰和短道速滑赛场。

● 国家速滑馆　规划位于北京奥林匹克公园北部，是冰上项目唯一新建的竞赛场馆，建成后可用于冰球、冰壶、速度滑冰项目，是一个综合性场馆。2022年速度滑冰比赛将在这里举行。冬奥会后将成为四季运营的冰上中心。

京张纽带：延庆赛区

延庆赛区坐落于北京西北部距离市区约90千米的小海坨山区，京张高速铁路和两条高速公路途经此处。赛区内设有5个竞赛和非竞赛场馆，其中2个竞赛场馆分别是国家高山滑雪中心和国家雪车雪橇中心，二者在规划设计时都充分利用了当地的山体地形。

● 国家高山滑雪中心　规划建设2条比赛雪道、1条训练雪道和1条技术备用雪道，可提供观众座席5000个和站席3500个，届时将承担高山滑雪的

《申办报告》中延庆赛区规划图

比赛，并保证比赛、训练和后勤保障工作彼此独立、互不干扰。这里早在规划时，就得到了国际雪联技术专家的专业指导。场地设计充分利用了小海坨山的地形特点，尽量减少土方量，从而最大限度地保护当地的植被。值得一提的是，设计团队充分利用山体地形，增大了滑降赛道的挑战性，提升了比赛的观赏性。

● 国家雪车雪橇中心　预计提供观众座席2000个和站席8000个，且都位于赛道内侧，具有良好的观赏角度和充裕的观赏空间，届时将承担雪车和雪橇比赛项目。

冬奥会后，国家高山滑雪中心和国家雪车雪橇中心除保留作为国家训练基地、世界顶级赛场的功能外，将适当开发一定数量的中低级雪道供滑雪爱好者参与体验；春、夏、秋三季将增建相应设施，打造徒步、登山、山地自行车等户外运动体验中心。同时，结合延庆深厚的历史文化底蕴和小海坨山区丰富的地热温泉资源，打造成集旅游、休闲、健康养生为一体的度假中心。

延庆赛区竞赛场馆一览表

类别	场馆名称	现状	承办项目
竞赛场馆	国家高山滑雪中心	新建	高山滑雪
	国家雪车雪橇中心	新建	雪车 钢架雪车 雪橇
非竞赛场馆	延庆奥运村	新建	
	延庆山地媒体中心	临建	
	延庆颁奖广场	临建	

延庆十景之"海坨戴雪"

北京"后花园"：张家口赛区

张家口赛区坐落于河北省张家口市的崇礼区东部山区。赛区共设竞赛和非竞赛场馆8个，其中5个竞赛场馆，分别是北欧中心越野滑雪场、北欧中心跳台滑雪场、冬季两项中心、云顶滑雪公园场地 A 和场地 B。崇礼的滑雪运动兴起于20世纪90年代，最近二十年中经历了狂飙突进式的发展，陆续建成了一批国际水准的滑雪场。2022年冬奥会将加速崇礼冰雪小镇成为中国华北滑雪中心的进程。

张家口赛区竞赛场馆一览表

类别	场馆名称	场馆现状	承担项目
竞赛场馆	冬季两项中心	新建	冬季两项
	北欧中心越野滑雪场	新建	越野滑雪
	北欧中心跳台滑雪场	新建	北欧两项 跳台滑雪
	云顶滑雪公园场地 A		自由式滑雪
	云顶滑雪公园场地 B		单板滑雪
非竞赛场馆	张家口奥运村	新建	
	张家口山地媒体中心	临建	
	张家口颁奖广场	临建	

《申办报告》中张家口赛区规划图

● 云顶滑雪公园 位于张家口市崇礼区东部，地处太行山和燕山交汇的大马群山之中。目前正在运营。包括 A、B 两块场地，2022年将作为自由式滑雪和单板滑雪比赛场地。

● 北欧中心和冬季两项中心 位于张家口市崇礼区东部，紧邻明长城遗址，雪道距离长城遗址最近处只有十几米。与大多冬奥会雪上项目赛区相似，北欧中心越野滑雪场、北欧中心跳台滑雪场和冬季两项中心的规划建设，将使该区域成为竞技比赛和旅游休闲两大功能互相支撑的规范性区域。

运动员在中国的家
——北京2022奥运村

中国有句俗话，家和万事兴。中国人家庭观念浓重，拥有一个温馨的家是众人梦寐以求的愿望。奥运村就是运动员参加奥运会期间的家，2008年北

北京2008奥运村中快乐的运动员

《申办报告》中延庆奥运村效果图

京奥运会的奥运村就因充分满足运动员各方面需要的人性化设计而广受好评。

北京2022年冬奥会的奥运村将按照"以运动员为中心"的理念，通过全方位的一流服务，特别是2022年冬奥会举办时正值中国春节期间，将为每名入住的运动员提供回家过年的生活体验，也为其取得优异成绩营造一个良好氛围。

15·10·5

北京奥运村位于北京市中心区域的奥林匹克公园南部，距离冰上项目场馆、主媒体中心、北京颁奖广场的车程均在15分钟以内。

延庆奥运村位于北京市延庆区小海坨山区，东南部有八达岭长城，周边有中国延庆世界地质公园，距离雪车、雪橇和高山滑雪比赛场地的车程均在10分钟以内。

雪中长城盛景

　　张家口奥运村位于崇礼县太子城冰雪小镇的中心区域，坐落在古长城脚下，距离本赛区所有竞赛场地的车程均在5分钟以内。

冰雪·长城·春节

　　奥运村的规划设计是冰雪、长城和春节三种文化的完美结合，这种设计既满足了国际奥委会的要求，也契合了我国的优秀传统文化，体现了中华民族追求和谐的精神。

　　按照国际奥委会关于可持续发展的要求，北京2022奥运村的规划设计坚持生态优先原则，每个奥运村建设都以促进人与自然和谐共生为目标，将从建筑材料使用、新能源利用、高科技环保技术应用等方面做到对生态环境的影响最小化。

　　长城是中华民族的标志，长城文化是华夏文化的重要组成部分，"不到长城非好汉"的壮志豪情与奋发拼搏的奥运精神有异曲同工之处。北京冬奥申委的官方申办歌曲之一名为《请到长城来滑雪》，是因为京张两地拥有大量历朝历代的长城遗址。特别是张家口赛区的奥运村，从部分房间的阳台或窗户向外望去，就能观赏到长城遗址。

　　北京2022年冬奥会计划于当年2月份举行，正值中国最重要的传统佳节——春节期间。如果此时来参赛，可以在中国过大年，体验节日的喜庆气氛，这是包括运动员在内的很多外国友人来华旅行的心愿。因此，主办方设想在奥运村营造浓郁的"中国年"氛围，为每一名运动员的房间贴上春联和窗花，并为其准备一份特殊的新春礼物。在奥运村内的广场区还将设立中国文化元素体验区、中国民间艺术品展示区以及小型的中国传统文化艺术展览。

绿色·周到·便捷

　　北京奥运村规划占地24.6公顷，海拔50米，建筑坐北朝南，村内有大面积的绿色开敞空间；延庆奥运村规划占地14.4公顷，海拔950米，中间区域将建设一条绿色景观带；张家口奥运村规划占地21.9公顷，海拔1600米，村内不仅拥有足够的绿色开敞空间，还能在每栋公寓楼上欣赏周边山体的整体景观。

根据规划，3个奥运村均由居住区、广场区、运营区三部分组成。

居住区内将建成公寓式建筑，并设有综合服务中心、体育信息中心、安保指挥中心、休闲娱乐中心、医疗健身中心和宗教信仰中心，其中宗教信仰中心是专门用来给不同宗教信仰的村民提供祈祷和集会的场所。

广场区位于每个奥运村的中间区域，将举办欢迎仪式以及文化活动，并将在其中设立超市、银行、邮局、急救站等服务设施，这些设施涉及生活的多个方面，为村民提供了如同居住在市中心一般的便利。

运营区紧邻广场区，将包含奥运村顺利运行所需的全部服务，包括欢迎中心、服务中心、访客中心、媒体中心、制证中心和物流中心，其中媒体中心妥善解决了方便记者进村采访和不允许打扰"村民"休息的矛盾。

无障碍设施是检验奥运村便捷程度的重要指标，而且奥运村在冬奥会结束后须迅速转换为残奥村。因此，北京2022奥运村在规划设计时专门考虑了冬残奥会的需求，严格按照国际通行的无障碍设施标准进行建设，以确保残奥村村民住宿和通行的高度便捷。

安全·可靠·零风险

——北京2022年冬奥会规划

如果把愿景比作冬奥会的蓝图，把理念比作这张蓝图的背景色，那么冬奥会的各项规划则像一支支蘸着各色颜料的画笔，共同描绘出2022年冬奥会的壮丽画卷。北京冬奥申委向国际奥委会承诺，北京2022年冬奥会将是一届安全、可靠、零风险的冬奥会。各方面严谨、翔实、高水平的规划为兑现这掷地有声的承诺奠定了坚实的基础。

安全保障

国际奥委会最终选择北京作为2022年冬奥会主办城市，很大程度上是因为中国举行各类重大国际活动时的安全保障万无一失。然而在2008年北京奥运会的总结报告中，国际奥委会曾指出我们的安保工作过于严密而有碍普通民众共享奥运的喜庆欢乐。鉴于国际社会的这些评论，北京2022年冬奥会将着力实现安全保障和气氛轻松的平衡。

一方面，京张手拉手，危险全赶走。早在2008年北京奥运会前期，北京市就已经与周边城市建立起稳定、顺畅的安保协作机制，包括安保人员培训、安保经验交流、反恐以及应急处置队伍训练等具体协作计划，能够实现专业知识、人员和设备的资源共享。在此基础上，北京冬奥组委将制定安保总体战略，建立统一的指挥体系，确保安保工作顺畅、高效运行。

另一方面，充足的人力资源是我国举行各类大型赛事活动的可靠保障。冬奥会期间，京张两地将从公安、武警、消防等部门抽调足够的力量直接参与安保工作，安保服务公司将提供训练有素的专业保安人员，组委会还将从高等学校和社会上招募志愿者参与冬奥会安保工作。

医疗服务

冬奥会是勇敢者的盛会，冰雪运动在挑战极限、展现精彩的同时也具有风险性高、容易受伤的特点。因此，与其他体育赛事相比，冬奥会要求的医疗服务更完善、急救转运更迅速、医疗技术更高超。

北京拥有众多具有国际水平的医疗机构，能够为冬奥会提供专业、优质的医疗服务。北京2022年冬奥会期间，京张两地将建立医疗合作机制，最大范围地实现优质医疗资源共享，以满足冬奥会的实际需要。

京张两地拥有充足的医疗资源，并建立了良好的医疗保健制度，拥有完备的医疗基础设施。两市共有医疗机构一万余家，执业医师8.9万人，注册护士10.5万人，医疗机构实有床位数13.6万张，完全能够同时满足国际赛事和城市日常医疗服务的需求。组委会计划根据冬奥会的实际需求，制订详细的医务人员招募选拔计划，并建立医疗人才储备库，包括100名医疗经理和2000名医疗专业志愿者，专门负责赛时的医疗急救服务。

住宿设施

三大赛区拥有丰富多样、各具特色的住宿设施。北京赛区的各类住宿设施数量众多，品质上乘，既有国际一流的高星级饭店，也有时尚便捷的经济

雪后的民俗旅店

型酒店。延庆赛区是著名的八达岭长城所在地，旅游资源丰富，高端度假酒店和乡村旅游接待是其特色。张家口赛区高档的星级酒店、舒适的滑雪温泉度假村和富有民族特色的农家旅馆构成了完善的接待体系。

除了高档酒店和度假村，京张两地还有大量非星级的私人旅馆、公寓、乡村酒店、民俗户、宿舍等，它们届时将提供充裕的住宿资源，每一位冬奥会参与者都将拥有充分的住宿选择，尤其是那些各具特色的私人旅馆将为来自世界各地的朋友提供深入了解中国传统文化和习俗的机会。

交通系统

完善的交通基础设施、高效的交通组织计划和充分的交通应急预案都是成功举办冬奥会的关键因素。北京2022将为所有参与者提供高效、安全、可靠的交通服务。

京张高铁示意图

北京市市长王安顺2015年初接受采访时曾表示："为了北京和张家口联合申办2022年冬奥会，调整了京张高铁原建设方案，时速从原来的250公里提高到300公里。"这一举措将实现京张两地的快速转换，从北京赛区到张家口赛区仅需50分钟车程，从而满足了国际奥委会对冬奥会冰雪场地通车时长的要求。

与此同时，两条国家高速公路可服务于冬奥会交通运输，沿途可以领略万里长城风采。3个赛区内道路交通微循环的升级优化，将确保每个奥运村至其所在赛区竞赛场馆的交通时间最短化。

此外，冬奥组委和主办城市政府还将制订详尽的应急计划，以应对重大交通事故、交通拥堵、超预期的交通流高峰、赛事时间调整、恶劣天气等特殊情况。这些充分细致的交通规划将确保一届"说走就走"的冬奥会。

媒体运行

国际奥委会终身名誉主席萨马兰奇曾说过，媒体是奥运会成功与否的最终裁判。北京2022年冬奥会将全力以赴提供先进、可靠的媒体设施，以及优质的服务，确保全球媒体充分、快捷地对冬奥会进行高质量的报道。

北京2008年奥运会建设和运行了奥运史上最大的国际广播中心和主新闻中心，积累了丰富的国际大型体育赛事媒体服务经验。北京2022年冬奥会主媒体中心将位于国家会议中心内，这里曾是2008年奥运会主媒体中心，骨干员工都参与过奥运会的媒体服务工作，他们期盼着可以继续为冬奥会做出贡献。而承接并运行夏、冬两个奥运会的特殊经历，将使国家会议中心成为奥林匹克的传奇建筑。

对于进行赛事报道的媒体来说，时间就是生命。为确保冬奥会报道的时效性，北京2022年冬奥会期间，冬奥组委将在京张高铁上设置媒体专席，并

提供快速稳定的无线服务。记者们可以将高铁作为"移动工作室"，在往返各赛区之间进行及时的新闻报道，不用担心高铁的噪音问题。2013年11月，伦敦市长约翰逊先生访华期间曾乘坐时速300公里的高铁从北京到上海，回国后他在《每日电讯报》上发文回忆中国之行时写道："我在中国乘坐高铁的经历中有很多令人吃惊的事情，它的速度要比最快的玛莎拉蒂跑车还要快，而车厢里的噪音却像猫儿喘息一般安静。"

文艺活动

北京2022年冬奥会将围绕"纯洁的冰雪，激情的约会"这一愿景，充分整合赛事、仪式、文化、教育、城市活动、文化广场及火炬接力等所有奥运会元素，创造东方文化与奥林匹克运动完美结合的文化遗产。

国家会议中心夜景

延庆公园春节雪景

　　从2016年起，将在每年夏季和冬季分别举办奥运体育文化节和国际冰雪文化节，还将举办国际冰雪运动摄影展、奥林匹克音乐盛典、冬季奥林匹克运动史展等各具特色的庆典活动。北京2022年冬奥会开幕前夕，将举办冬奥文化艺术节。届时，京张两地的博物馆、影剧院等文化场所将举办各类展览、演出和国际文化交流活动，国际大型冰雕艺术展将在长城上展出。

下篇·飞扬冬奥之梦

07

走向精彩·非凡·卓越

坚持绿色办奥、共享办奥、开放办奥、廉洁办奥，高标准、高质量完成各项筹办任务，把北京冬奥会、冬残奥会办成一届精彩、非凡、卓越的奥运盛会。

——习近平

庄严承诺

中国有句古话叫"一诺千金"。北京成功举办2008年奥运会，完美兑现了承诺。如今，北京将再次出发，携手张家口兑现另一个承诺。

自我革新的《奥林匹克2020议程》

任何事物的发展都是前进性和曲折性的统一，奥林匹克运动也不例外。

国际奥委会成立之初，委员全由西方社会上层人士组成，是一个"贵族气息极为浓厚"的组织，没有委员到龄退休这一规定，也缺乏商业模式。到1980年萨马兰奇出任国际奥委会主席时，国际奥委会的银行账户上只有可怜的几十万美元。而且冷战时期东西方阵营相互掣肘，西方阵营举办奥运会，东方国家就抵制，反之亦然，很多国家不愿意接奥运会这个烫手的山芋。

直到1984年洛杉矶奥运会上出现了一个传奇人物。他以自身优秀的商业管理经验当选1984年洛杉矶奥组委主席，其间甚至淘汰了前国务卿亚历山大·黑格等著名人物，当宣布结果时，整个社会都懵了，无人知道从哪里冒出来这么一位不知天高地厚的中年人。但是历史证明，选择彼得·尤伯罗斯是明智的，他开创了"尤伯罗斯模

彼得·尤伯罗斯，1937年出生在美国一个房产主家庭。由于家庭原因，他不断变换学校，这让他能够迅速适应新环境，具有同龄人所没有的组织才干。大学毕业后，尤伯罗斯一直在运输和旅游服务业发展，他创办的旅游公司成为北美第二大旅游公司，"贩卖"奥运会是他迄今为止最成功的商业运作。

《奥林匹克2020议程》

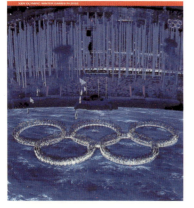

《主办城市合同》

式",不仅改变了以往奥运会"赔本赚吆喝"的历史,而且在没有任何政府资助的情况下,创造了2.25亿美元的盈利,把奥运会变成了人见人爱的"摇钱树"。

　　然而物极必反,自此以后奥林匹克出现了拜金主义迹象,甚至愈演愈烈。在1989年申办1996年奥运会之际,很多人都认为奥运应该"回家"、再到雅典时,胜出者却是美国亚特兰大。希腊人哀叹:奥林匹克理想输给了金钱!从此,奥运会规模越来越大,场馆越来越奢华,对举办城市的要求越来越高,申办开支越来越多,会后场馆的闲置问题也越来越严重,奥运会变成少数国家才玩得起的游戏。西方媒体炒作2014年索契冬奥会花费510亿美元,吓坏了很多国家,再加上经济危机,许多国家都望而却步。即使提出申办,也都相继退出,如波兰的克拉克夫、挪威的奥斯陆。

　　国际奥委会新任主席托马斯·巴赫,这位历史上首位当选国际奥委会主席的奥运冠军,直觉十分灵敏,他针对奥林匹克运动存在的一些紧迫问题,如申办和主办费用高、办赛不灵活等问题,一上任就进行大刀阔斧的改革,提出《奥林匹克2020议程》,旨在唤起更多城市的申办热情。2014年12月8日,在国际奥委会第127次全会上,原定用两天时间审议通过《奥林匹克2020议程》,实际上只用了一天时间就全部完成。在举手表决时，每项建议均获一致通过，无一反对、无一弃权。巴赫自己都不相信会这么顺利，惊呼"做梦也想不到"。

《奥林匹克2020议程》共计40项改革措施。前20项改革措施主要侧重于奥林匹克运动及其各利益相关方，比如申办和主办城市、奥运会、运动员、项目设置等；后20项措施主要针对国际奥委会自身，同样或多或少也涉及各利益相关方。其中重量级的改革措施有：将变"申办"为"邀请"，东道主可自主提议加项，取消28个大项"数量帽"，成立奥林匹克频道等。

巴赫在国际奥委会第127次全会会后表示，"我从未料到委员们能如此一致支持我的改革方案。我希望多年后，我能满怀欣喜回忆这一天"。

汇集承诺的《主办城市合同》

《主办城市合同》是国际奥委会和主办城市之间达成的协议，包含举办一届冬奥会所需的具体要求和基础条件。

这本合同面面俱到。为什么要用"本"来形容呢？是因为它共90页，中文版就有5万字。正文分为12部分89条，具体包括：基本原则（15条），规划、组织、出资及举办奥运会的原则（13条），住宿的组织（4条），冬运会竞赛项目的组织（3条），文化计划与城市活动的组织（1条），仪式、奥林匹克圣火与火炬传递、奖牌与证书（4条），知识产权相关事项（4条），财务与商业义务（8条），媒体对奥运会的报道（6条），其他义务（9条），合同终止（1条），其他事项（21条）。《主办城市合同》还包括1个附件：《主办城市合同义务细则》，对主办城市、国家和地区奥委会，以及奥组委的关键可交付成果以及需履行的其他义务进行了系统规定，是合同的重要组成部分。

《主办城市合同》具有一定的法律效力和约束力，但并非不能毁约。2014年闹得沸沸扬扬的越南弃办2019年亚运会事件，原因就是越南政府无法兑现合同承诺。其实这类事件在历史上屡见不鲜：1968年，韩国以国家安全为由，放弃举办第6届亚运会；1975年，巴基斯坦因为国内经济萧条、政治局势动荡，放弃主办第8届亚运会。

精彩、非凡、卓越：北京2022在路上

20世纪80年代中期以后，举办奥运会就成为众多国家追求的目标，八九个乃至十几个城市申办奥运会的情况不断出现。每次奥运会的闭幕式上，人们都屏气凝神地等着听国际奥委会主席那一句评价。萨马兰奇老先生连任主席好多年，每次都给个"最"，不重复，不得罪人，最好的，覆盖面最广的，最出色的，最有特色的，最成功的，总之都是独一无二的。

萨马兰奇的继任者罗格先生认识到这一点，而且更清楚地认识到，如果每次都给一个"最"字，那就没有新意了。因此他转变了做法，每次换个充满浪漫色彩的词，梦幻般的，无与伦比的，充满快乐和荣誉的。以上毕竟是国际奥委会主席的评价，而实实在在的评价就是我们自身举办的初衷。是否达到初衷，不违初衷，才是真真正正的客观评价，这需要历史来检验。

我们经历了北京2008年"有特色、高水平"的奥运会，即将迎来北京2022年"精彩、非凡、

感谢中国人民，感谢所有出色的志愿者，感谢北京奥组委。通过本届奥运会，世界更多地了解了中国，中国更多地了解了世界……这是一届真正的无与伦比的奥运会。

——罗格在北京奥运会闭幕式上的致辞

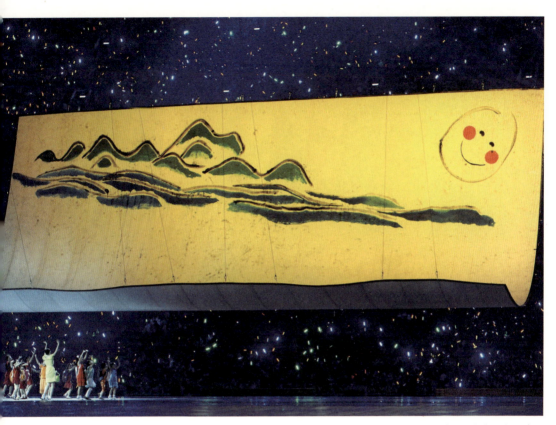

北京2008年奥运会开幕式

卓越"的冬奥会。

　　精彩，是指赛事本身精彩、成功。涉及赛事组织运行、场馆规划、运动员和观众服务体验、赛事转播、群众参与、文化和自然特色交融等。让运动员展现出最佳状态，让全世界不分种族、不分性别、不分年龄的人欢聚一堂，共享奥林匹克带来的欢乐和荣耀。

　　非凡，是指北京2022年冬奥会战略意义非凡。它将与全面建成小康社会战略、京津冀协同发展战略交融互进，解决环境问题，促进经济发展，实现社会和谐。冬奥会将成为一个最有力的抓手，在京张地区乃至更大的范围内，

在崇礼雪场滑雪的人们

推广冬季运动，增强人民体质，改善基础设施，提升文明程度，彰显体育的巨大作用。

卓越，是本届冬奥会的历史定位。北京2022年冬奥会将成为有史以来最为杰出的冬奥会，也将为未来的奥运会树立光辉的典范。它将在全世界五分之一的人口中更好地传播和践行奥林匹克团结、友谊、和平的宗旨和理念，促进奥林匹克的弘扬和发展。

七年筹备

中国的奥运会与"七"结缘。站在2015年来看，7年前，北京举办了一届盛大的奥运会，再往前7年，北京申奥梦圆莫斯科；往未来走7年，北京和张家口将完成冬奥使命。2015年12月15日，北京冬奥组委正式成立，从此北京、张家口将开启一段传奇的旅程。

"四个坚持"的由来

"四个坚持"即坚持绿色办奥、坚持共享办奥、坚持开放办奥、坚持廉洁办奥，来源于习近平总书记的批示。

2015年11月，冬奥组委成立前夕，习近平总书记对办好冬奥会做出重要批示：办好2022年北京冬奥会，是我们对国际奥林匹克大家庭的庄严承诺，也是实施京津冀协同发展战略的重要举措。要坚持绿色办奥，提升全社会环保意识，加强环境治理和污染防控，把绿色发展理念贯穿筹办工作始终；坚持共享办奥，积极调动社会力量参与办奥，提高城市管理水平和社会文明程度，加快冰雪运动发展和普及，使广大人民群众受益；坚持开放办奥，借鉴北京奥运会和其他国家办赛经验，弘扬奥林匹克精神，加强中外体育交流，推动东西文明交融，展示中国良好形象；坚持廉洁办奥，严格预算管理，控制办奥成本，强化过程监督，让冬奥会像冰雪一样纯洁干净。要加强组织领

雪后的延庆妫河公园

导，统筹推进各项工作，确保把北京冬奥会办成一届精彩、非凡、卓越的奥运盛会。

结合当时的形势，我们不难发现，这"四个坚持"与当时刚刚闭幕的十八届五中全会坚持创新发展、协调发展、绿色发展、开放发展、共享发展"五大发展理念"有异曲同工之妙，其中绿色、共享理念更是相互呼应。

同时，绿色办奥理念也继承于北京2008年奥运会，当时"绿色奥运、科技奥运、人文奥运"是北京2008年奥运会的三大主题，绿色环保理念被大力倡导，加之近年来北京雾霾天气日益受到关注，重提绿色办奥理念也是必然之策。

而开放办奥更是北京2008年奥运会成功的经验之一，尤其现在中国冬季运动项目还存在短板，需要走出去学经验、打开门引人才。共享办奥、廉洁办奥则与"全面建成小康社会"和反腐倡廉形势密切相关，关系到民生福祉。

冬奥会场馆建设

场馆是奥运会的载体，是奥运会训练和比赛活动的依托。

看着气势恢宏的"鸟巢"和"水立方"，你很难想象在奥运会初创阶段的场馆是什么样子。在1896年，新兴的现代奥林匹克运动并未被世人完全接纳，赛事规模和影响力都很小，新建场馆都不在考虑之列，只能将现有场馆稍加改造用来比赛。1900年法国巴黎奥运会时，由于奥运会只是巴黎世博会的附庸，场地不够，于是组委会就借用了仅有500个座位的跑马场作为主体育场。1920年之后到二战前，奥运场馆从萌芽走向规范，安特卫普奥运会首次建设了周长400米的标准跑道，为之后的奥运会提供了范本。

二战之后，奥运场馆建设进入飞速发展时期。从1964年东京奥运会到1976年蒙特利尔奥运会，场馆规模越来越大，巨额的建设贷款让主办城市背

1896年第1届奥运会主赛场

上了沉重的包袱。1980年后，场馆建设运营模式得以改进，开始考虑到经济成本与社会发展，场馆建设理念与城市发展融为一体。1996年亚特兰大奥运会注重场馆的多元化功能，致力于为大众体育发展提供平台。

　　如今，绿色、环保、可持续利用成为场馆建设的主题。北京2008年奥运会兴建了包括"鸟巢"、"水立方"、国家体育馆等10个竞赛场馆和奥运村等在内的奥林匹克公园，赛后成为北京市民运动休闲的重要场所。2012年伦敦奥运会以奥运场馆建设为载体，对原本贫困落后的斯特拉特福德地区进行综合改造，创造了可持续利用的新社区。

　　北京2022年冬奥会场馆建设将会如期启动，并计划2019年左右完工，之后在2020年和2021年承办测试赛，在2022年承办冬奥会比赛。场馆建设遵循的原则：

　　◉ 严格遵循标准。所有竞赛场馆的规划设计均满足国际奥委会、各国际单项体育联合会竞赛场馆设计标准，如无障碍、照明、高度、有效长度、宽度、温度、坡度等。

　　◉ 严格控制成本。在场馆规划方面最大限度地继承北京2008年奥运会

"水立方"在2008年奥运会后举办文艺演出

遗产，对所有场馆设施的规模、位置、数量逐一进行论证，能够利用现有场馆进行改建、扩建的就不新建，能搞临时性场馆的就不搞永久性场馆。

● 兼顾赛事需要与赛后利用。在满足比赛期间国际奥委会技术要求的前提下，最大限度地发挥奥运场馆的社会效益，使之与广大市民日常健身的需要相结合，并便于赛后开展文化、体育、会展、商贸、旅游、娱乐等活动。

● 艺术与科技的结晶。规划设计奥运场馆，并能够与北京、张家口两地城市景观相协调、相融合，为城市风貌增色添彩，与当地风土人情相得益彰。场馆借助技术、材料等诸多领域的变革、创新，越来越多地表现出舒展、动感、张扬的体育艺术风格，展现出力量之美、速度之美。

冬奥会市场开发

奥运会的市场开发可分为赞助、特许经营、票务三大部分。从1984年洛杉矶奥运会开始，奥运市场开发计划的策略改变取得了巨大的成功，并由此为奥林匹克运动的飞速发展奠定了基础。

北京2008年奥运会实施了成功的市场开发计划，积累了丰富的经验。赞助计划于2003年9月启动，共征得合作伙伴21家（全球合作伙伴11家，北京2008合作伙伴10家），赞助商10家，供应商31家（独家供应商15家，供应商16家）。特许计划从2005年11月启动，包括特许商品（服饰、文具、体育用品等）、特许邮票、纪念币3大类。票务计划于2007年4月启动，包括门票销售配额、奥运会门票销售办法、残奥会门票销售、电子票务方案等。根据审计署公布数据，除TOP计划和门票收入外，实现市场开发收入98.7亿元，为奥运会成功举办提供了有力支持。

北京2022年冬奥会预计实现市场开发收入约

> **TOP (The Olympic Programmer) 计划**
>
> 又名"奥林匹克全球合作伙伴计划"，是国际奥委会为保证奥林匹克运动充足和稳定的财源，从全球范围内选择各行业内最著名的大公司作为国际奥委会的正式赞助商。TOP计划于1985年推出，每4年为一个运作周期。加入该计划的企业将获得在全球范围内使用奥林匹克知识产权、开展市场营销等权利及相关的一整套权益回报。

北京2008年奥运会时奥运产品热销

79.3亿元。赞助计划共分4个层级：合作伙伴、赞助商、独家供应商和供应商。冬奥组委将实施一系列赞助企业服务计划，按照赞助企业的奥林匹克市场营销需求和战略目标提供具体的服务，帮助赞助企业提升品牌形象，实现赞助价值。特许经营计划将根据大众消费趋势的变化进行创新，突出冬奥会文化和运动特征，融入中国特色及北京特点的元素，计划开发特许商品。票务计划将充分借鉴北京2008和往届冬奥会等国际大型综合赛会的票务运营经验，进行市场调研，制定票务政策与运行纲要。向合同客户和境内外公众提供网络、电话、代售网点、场馆售票亭等全方位、立体化的购票渠道，通过开展专业化、公开透明的票务运营组织工作，确保实现门票销售率最大化。

历史巅峰

2015年7月31日，中华大地再圆冬奥之梦，功绩永载史册。

北京2015年元旦以"申冬奥"为主题的新年倒计时活动

首次冬夏奥运同城

2022年冬奥会主办城市揭晓前夕，国际奥委会主席巴赫说道："周五，我将打开万众期待的信封，揭晓2022年冬奥会主办城市，届时，我将会与所有人一样充满好奇。没人能预料谁将赢得主办权，但是我们可以自信地说，这一决定将会对两个重要的城市——中国的北京和哈萨克斯坦的阿拉木图——中的一个产生持久的影响。无论选择哪座城市，国际奥委会的决定都将是奥林匹克历史上的'首次'。北京将成为第一个既举办过夏季奥运会又举办冬季奥运会的城市。阿拉木图将成为该地区第一个举办奥运会的城市。"

正如巴赫所言，这个决定将对北京产生重要的影响。北京凭借自身优越的条件、人民群众的支持、强大的综合国力，最终获得了举办权。此前，德国慕尼黑曾尝试过做同样的事，慕尼黑曾在1972年举办奥运会，但此后多次申办冬奥会均未成功。

冬奥会申办成功，无疑将为北京的体育文化注入新的活力。人们认识并

雪后的"鸟巢"

平昌2018年冬奥会和冬残奥会会徽

东京2020年奥运会和残奥会会徽

尝试丰富的冬季体育项目，有望继续提升中国冬季运动的群众基础和竞技水平，将推动体育产业进一步发展，改进城市的软硬件水平，为北京赢得更好的国际形象。

北京2022年冬奥会，这个激情的冰雪之约，值得每一个人期待和参与，也将成为中华民族实现伟大复兴中国梦的又一新坐标。

续写东亚奥运传奇

未来几年，东亚地区将连续举办3届奥运会，北京2022将最后出场。

2018年，第23届冬奥会将在韩国平昌举行。这是韩国第一次举办冬奥会，也是亚洲第三次举办冬奥会。2011年7月6日，在南非德班，曾连续申办两次的韩国平昌击败德国慕尼黑和法国安纳西成为2018年冬奥会主办城市。

2018年冬奥会主办城市遴选投票结果

城市	国家	第1轮
平昌	韩国	63
慕尼黑	德国	25
安纳西	法国	7

2013年9月7日，经过激烈的角逐，东京击败伊斯坦布尔和马德里，成为
2020年奥运会的主办城市。在申办过程中，日本动漫明星哆啦Ａ梦成为特
殊的申奥大使，受到人们的欢迎。

2022年2月4日至20日，第24届冬奥会将在北京和张家口举行。这是中国
首次举办冬奥会，也是继北京奥运会、南京青奥会后，中国第三次举办奥运
赛事。北京2022年冬奥会将在亚洲掀起持续的奥运热潮，为国际奥林匹克运
动发展提供一个新支点。这无论对亚洲还是对奥林匹克运动而言，都将起到
重要的促进作用。

2020年奥运会主办城市遴选投票结果

城市	国家	第1轮	附加投票	第2轮
东京	日本	42	—	60
伊斯坦布尔	土耳其	26	49	36
马德里	西班牙	26	45	—

08 冰雪英雄梦想飞扬

关东风雪沐经年，姐妹赴营前。

银宫枫海挥誓，接力着先鞭。

冰道沸，掌声喧，凯歌还。

此情何似？花绽梅园，凤舞中天。

——谢雪峰《诉衷情·贺中国队夺冠》

冰雪先锋

新中国成立初期，冰雪运动条件很艰苦。没有训练场馆，没有先进的装备，甚至没有营养品，有的只是一股信念和顽强拼搏的精神。即便如此，在20世纪五六十年代，中国速滑队也涌现了罗致焕、王金玉等一批世界名将。

那时候欧洲已经出现了人工冰场，而我国想要进行滑冰运动训练，仍然要看老天爷的"脸色"。运动员们每到秋冬之交，就背起行装，去黑龙江最北边满洲里、漠河、大兴安岭，一点点往北走，哪里有冰就去哪里，哪里冰面冻硬了就去哪里。

初到一地，队员们来不及休息，便几个人一起"浇冰"，自己建造训练场地，然后擦一把脸上冻成冰的汗，就投入到紧张的训练中去。即使这样，场地也不够，队员们还常常去湖泊、泡子里滑"野冰"，有时候冰面没冻实，不小心就会掉进冰窟窿。

当时中国速滑队没有专业的运动服。现在比赛时运动员穿的连体式比赛装，当时国外已经出现，非常轻便，摩擦力很小，可是速滑队根本买不起。队员们训练的服装五花八门，有毛衣，有皮袄，各种颜色的都有，正式比赛的队服大多都是分体式的。吃的就更简单了，萝卜土豆吃饱就行，专业的营养餐听都没听说过。

滑冰最重要的是冰鞋。当时世界上最好的冰鞋都产在欧洲，如荷兰、挪威的专业冰鞋很有名也很贵，都在1万美元左右，速滑队买不起。队员们只能靠出国比赛的机会，到人家冰场去买冰刀，或者托人捎回来，然后回去自己装上。当时拥有一双好的冰鞋，是让全队队员都羡慕的事。有的冰刀开焊了，也舍不得扔，焊了开，开了焊，不能在比赛时用，就自己滑"野冰"时用，一用就是好几年。

第一代速滑教练孙显墀

那时候的运动员都有一种难以割舍的情怀——"运动报国"。

孙显墀从小就热爱体育运动，17岁时照着《苏联体育画报》学滑冰。1953年，21岁的他在哈尔滨第一届全国冰上运动会上夺得1500米冠军，1954年又在北京创造了1500米全国纪录。

20世纪50年代，冰雪运动逐步发展，国家体委决定以速度滑冰为突破口，走出国门，走向世界。当时去友好国家"留学"，是提高竞技体育水平的常用方法。孙显墀在莫斯科的中央体育学院留学近四年，专攻速度滑冰。在苏联，他像海绵一样，孜孜不倦地汲取着滑冰知识和训练方法，经常四十多分钟原地做模仿训练，汗滴了一片，训练很刻苦，但技术也得到很大提高。

中国与苏联虽同是社会主义阵营，但对方并非倾囊而授，因此就需要削尖了脑袋往里钻。留学期间，孙显墀恨不得多学一点，多看一点，他很想亲眼看一看苏联国家队的训练，了解他们特有的方法，但这一切都是保密的。他就利用一切机会，混进去"偷学"。在1958年全苏教练员大会上，孙显墀"不请自来"，当全苏教练委员会副主任萨卡罗问起时，他就坦诚地说，我想多学点知识。这位副主任被他的求学精神感动，就同意他留在会场听会，他尽可能地多听、多记。

归国后，孙显墀成了一名教练员，一干就是几十年。他退休后讲了一句发自肺腑的话："我所学的专业，和世界这么大的差距，我不行，早晚有一天，我培养出运动员来，要为中华民族扬眉吐气！"

1960年他被任命为国家速滑队主教练，6月份开始训练，8月份就把队员们训练过度了。为培养队员的力量、耐力、反应力，他克服器械不足、场地不够等困难，想尽一切办法，利用一切手段，领着队员去游泳馆游泳，上体操馆练习单杠、双杠，打拳击，练举重，最后提前上冰，训练完之后，连孙显墀自己都趴下了。

孙显墀执教以来，中国速滑队的成绩提高很快，在国内外重大比赛中，45次获得第1名，32次获得第2名，30次获得第3名。1961年瑞典哥德堡速滑世锦赛上，王金玉取得速滑500米、1500米第6名。1962年苏联莫斯科速滑世锦赛上，王金玉获得全能第5名。1963年日本轻井泽速滑世锦赛上，罗致焕成为1500米世界冠军。凯旋时，时任国家体委主任的贺龙元帅亲自为他们接风。

孙显墀

"中国速滑全能王" 王金玉

王金玉，一位来自黑龙江鹤岗的小伙子，从小在冰天雪地里长大，对滑冰运动有着特殊的热爱。他1956年开始速滑训练，曾获得全国速滑500米、1500米、5000米和10000冠军，典型的"全能王"。

在世界赛场上，王金玉是第一位进入"大全能"世界前10名的中国运动员。1959年苏联6国速滑比赛中，他获得5000米冠军和全能亚军。1961年挪威9国速滑锦标赛中，他获得1500米第3名，并获"亚洲最佳运动员奖"。

这非常不易。在此后的半个多世纪里，因为种种原因，中国男选手在世锦赛上再也没有进入过"大全能"的前10名，取得的最好名次是2014年加

王金玉

拿大蒙特利尔的第14名——还是在很多高手因参加冬奥会而缺席的情况下。

滚爬摸索的时代，往往会有很多失误。当时的国家队教练孙显墀坦言："因为我们没有大赛经验。"中国速滑队取得飞速的发展和骄人的成绩，与苏联的训练体制和方法有着重要的关系，但说起临场应变和赛时计划，我们却比国外差了一大截。正是因为没有大赛经验，让一个曾在15天前打破世界纪录的人，在正式比赛中却痛失金牌。

1962年，莫斯科世界速滑锦标赛，因为当时中苏关系还没有恶化，所以在赛前15天，中苏双方举行了一场友谊赛。500米、1000米和5000米，中国队都取得了不俗的成绩，在最后的10000米比赛中，王金玉像闪电一样冲过终点。最后的统计结果使在场的人都大吃一惊，王金玉打破了世界纪录！

苏联方面在比赛后盛情邀请中国队参观茶厂、糖厂、贝加尔湖赫鲁晓夫的别墅，然后队员们又滑了一天雪……因为缺乏赛时经验，比赛过后本需要静养，却变成了消耗。王金玉自己都没有觉察，兴奋掩盖了疲劳，最后在正式比赛中，只获得了1500米第3名、全能第5名。

退役后，王金玉当起了滑冰教练，一干就是几十年。得知北京要申办冬奥会，王金玉老人欣慰地说："这是以前想都不敢想的事情，我都七十多岁了，能看到我们中国申办冬奥会，真是扬眉吐气。我们的冰雪项目成绩也上来了，在世界上占据一定的位置，我感到很高兴。"

中国首位速滑世界冠军罗致焕

罗致焕是王金玉的同门师弟，都受孙显墀教练指导。

和中国大多数冬季项目运动员一样，罗致焕从小在冰天雪地的东北长大。他是黑龙江人，从初中起开始学滑冰，当时仅仅是用鞋带儿把两片铁片绑在鞋上滑。冒着零下三十多度的严寒，加上保暖不足，小罗致焕冻得青一

块紫一块，滑一会儿就得回屋暖和一会儿，然后
再滑，就这样坚持了下来。

　　1963年，世界速滑锦标赛在日本轻井泽举办。
这一次比赛，罗致焕铆足了劲。2月24日，男子
1500米速滑比赛打响了发令枪。当时罗致焕和实
力雄厚的挪威选手伊瓦尔·默排在第4组出场。他
先以26秒7滑完前300米，接着又以32秒9滑完一
圈，遥遥领先于对手，锐不可当。罗致焕第2圈用
时33秒9，把比赛气氛推向了高潮，最后他采用了
提前冲刺的战术，最后以2分9秒2的优异成绩，战
胜了一直紧随其后的伊瓦尔·默，创造了世界锦
标赛1500米的新纪录，并取得金牌。

罗致焕

　　整个赛场沸腾了，挪威《晚邮报》说：我们
应当把罗致焕列为世界一流选手。苏联教练也表
示，今后的比赛将再也不能无视亚洲选手了。

　　当时中日关系微妙，很多国家不了解新中国，
日本更是同美国一道，不承认新中国。日本《朝
日新闻》上把中国速滑队称为"中共代表队"而
不是"中国代表队"，更有一些不知名的反对势力
跳梁小丑般扬言要绑架中国队。出于安全考虑代
表团采取了严格的安保措施，不准独自外出，不
准上街。

　　罗致焕在比赛中表现出了良好的心理素质，
更迸发出昂扬的斗志，最终创下纪录，赢得金牌。

那个时代世界不了解新中国，当时很多外国记者、运动员问："中国在哪里？"最好的回答就是代表中国，站在领奖台上，对着国旗说："看！中国在这里！"

这就是为什么每一位中国运动员，在凝视五星红旗在竞技场冉冉升起时，眼中饱含热泪的原因！

1970年，罗致焕开始任黑龙江省队教练，以后多次调任国家队教练。1994年，早已退役多年的罗致焕，以教练员身份第一次参加了利勒哈默尔冬奥会，圆了自己的奥运梦想。

中国首位滑雪冠军单兆鉴

与冰上运动相比，中国的雪上运动成绩并不辉煌。但依然有那么一批人在默默耕耘，将自己的毕生心血都倾注在钟爱的滑雪事业上，单兆鉴就是其中一个。

单兆鉴，吉林通化人，在林海雪原中长大的他从小与雪结缘。1950年11月，中华体育总会制定《1951—1952年工作计划大纲》，要求在东北、华北及有条件的地区可分别举行冰上运动会比赛及滑雪运动表演赛。1951年，吉林省吉林市就组织了百余人的滑雪表演活动。

1954年单兆鉴加入了滑雪集训队，从此走上了职业滑雪之路。1957年，通化市举行新中国第1届全国滑雪比赛，单兆鉴拿下3枚金牌。从此，他作为全国第一个滑雪冠军被载入史册。

许多人认为，世界上最早的滑雪运动出现在欧美，可是单兆鉴却不这么想。1993年在其所著的《怎样练习滑雪》中，他提出"滑雪的发祥地可能在中国阿勒泰地区"，此后就这一课题进行长达十余年的艰难考察研究，对阿勒泰古老的毛滑雪板及其滑雪文化进行了挖掘，撰写了《中国新疆阿勒泰地区是人类滑雪最早起源地的研究历程纪实》。

2015年1月14日至18日，他召集挪威、瑞典、芬兰等18国三十余位滑雪历史研究专家，召开了"阿勒泰：人类最古老的滑雪地域——2015中国阿勒泰国际古老滑雪文化交流研讨会"。会议发表了《阿勒泰宣言》：中国新疆阿勒泰是世界上最重要的古老滑雪地域。

1995年，单兆鉴来到崇礼考察，顿时被这里的莽莽雪山吸引住了。单兆鉴回忆，崇礼雪量很大，一次降雪就有20多厘米厚，且山体坡度良好，适于开展雪上活动。于是他将崇礼的情况介绍给对投资感兴趣的朋友郭敬。

单兆鉴

可是郭敬并不相信在离北京如此之近的地方会有雪山。当他一路摸索着来到连路标都没有的喜鹊梁，连绵起伏的苍茫雪山、漫山遍野的白桦林、厚厚的积雪……眼前的景色让他震撼了。于是，便决定投资建设崇礼县首家滑雪场——塞北滑雪场。

当时的条件很艰苦。崇礼县城仅有1家宾馆，而且离选址地很远。所以，雪场的员工都住在附近的村子里，天气寒冷，条件简陋，但是人们的热情很高。他们在喜鹊梁北侧开辟了一条山道，雪不够的地方，就以5毛钱一袋的价格请农民把雪背上山，补上后再用铁锹拍实，生生靠人工铺出了一条300米的雪道。

1997年，塞北滑雪场开业了。随后崇礼滑雪产业像滚雪球一样越做越大。2015—2016雪季，崇礼共接待了280万名滑雪游客，成为中国的滑雪胜地。郭敬说："没有单兆鉴的努力，就没有崇礼滑雪产业的今天。"

冰雪群英

1980年，对于中国冬季体育史来说是非比寻常的一年。这一年，中国第一次派出代表团参加冬奥会。

消息传到黑河，在那里训练的中国滑冰运动员奔走相告：我们能参加奥运会了！老一辈运动员甚至流下了激动的泪水。

中国首位女子速滑世界冠军王秀丽

同样是一位来自黑龙江的姑娘，创造了中国速滑史上的辉煌，她就是中国首位速滑女子世界冠军——王秀丽。

她1975年练习速度滑冰，屡创女子500米、1000米和1500米的全国纪录。1986年在第一届亚冬会上获1000米冠军，在同年的中日对抗赛上，她打破了3000米全国纪录。

像所有年轻运动员一样，1988年2月13日，奥林匹克圣火在加拿大卡尔加里熊熊燃烧的同时，也有一团火在王秀丽心中猛烈地燃烧。她心里憋了一股劲儿，中国自1980年参加冬奥会以来，至今仍未获得1枚奖牌，训练了那么久，一雪前耻的机会终于来了。拼了，一定不能空手而归，她攥了攥拳头。

为了备战冬奥会，中国代表团在赛前特地安排了一次热身训练。2月6日，王秀丽启程去美国密尔沃基，这里被原住民印第安人称为"密尔洛一沃基"，意为"美丽的地方"。但此时却气候干燥，风很大，为了预防感冒，王秀丽就从队医那里要了一些药品，吃了下去，随后就投入到紧张的训练中去。

但正是这些药品，在冬奥会比赛正要打响时，让王秀丽被卡尔加里组委会认定服用了兴奋剂。随后由国际滑联主席亲自签发的处罚单送了过来，王秀丽即日起禁赛15个月。并且按照规定，立刻离开奥运村，在规定期限内回国。

坐在归国的飞机上，王秀丽自己都感觉像做了一场噩梦。事后经过调查，这是一起误服事件。是王秀丽服用感冒药中的中成药"花茸维雄"造成的后果。责任不在于运动员，原因在于我国当时对药品的管理和使用水平较低，跟不上世界运动水平的发展。

王秀丽

王秀丽并没有因此一蹶不振，反而训练得更加刻苦。"成绩是练出来的，不是吃兴奋剂吃出来的，要坚持下去，做出成绩给人看，为自己争一口气！"王秀丽忍受着难以想象的寂寞，经受着高强度的训练。

15个月后，1990年1月，同样是卡尔加里，世界速滑女子锦标赛开幕了，历史就是这样的令人称奇。在女子1500米比赛中，王秀丽以2分3秒34的成绩，战胜了呼声很高的日本选手桥本圣子，获得金牌。这是中国女子速滑的第一个世界冠军，

叶乔波

也是1963年罗致焕之后，时隔27年的又一个世界冠军。

中国首位冬奥会奖牌获得者叶乔波

1992年是个不寻常的年份。这一年的阿尔贝维尔冬奥会，是最后一次与奥运会在同一年举行的冬奥会。从本届起，冬奥会和奥运会将间隔2年交替举行。

对于中国冬季运动发展来说，更加非比寻常，因为在这一年，中国终于获得了第1枚冬奥会奖牌，创造历史的人是叶乔波。

叶乔波，女，吉林长春人。10岁开始滑冰训练，1990年在第7届冬运会上获得4枚金牌；1991年2月获女子世界锦标赛500米冠军、1000米亚军；1992年在阿尔贝维尔冬奥会上，获得女子速滑500米、1000米2枚银牌；1994年在利勒哈默尔冬奥会上，获得女子速滑1000米铜牌。

阿尔贝维尔冬奥会被称为"有史以来场地最分散的冬奥会"。全部57个比赛项目中，只有18个在阿尔贝维尔本地举行，其余比赛都在分布于阿尔贝维尔东南奥林匹克公园内的13个场馆进行。

在女子速滑500米决赛中，叶乔波与美国名将邦妮·布莱尔同场竞技。在20世纪90年代的速滑赛场上，布莱尔是不可战胜的神话。她有个外号叫"速滑皇后"，曾5次荣获奥运速滑冠军、3次花式冠军，是为美国得到最多奥运金牌的女性。比赛最终布莱尔以40秒33的成绩夺冠，叶乔波以40秒51微弱的差距获得银牌。两人前后距离，仅有冰鞋尖那么近。在随后进行的1000米决赛中，布莱尔以1分21秒90再夺冠军，叶乔波再一次屈居亚军，这一次的差距只有0.02秒。这样的成绩让所有人唏嘘不已。不得不相信这句话，与超级明星同处于一个时代是幸运的，但又是不幸的。

尽管没有夺得金牌，但叶乔波带着伤痛坚持比赛的事迹，广为传颂。1994年，勒哈默尔冬奥会上，叶乔波忍着伤痛，用命去拼，获得了女子速滑1000米比赛的铜牌。

高强度的训练，伤痛在所难免。在1992年夏训时叶乔波就明显感到膝部有不适之感。后经医生检查，发现她的左膝半月板由于超负荷的运动和训练被压破断裂，滑落下来的软骨在她的膝关节的骨缝里成为游离物体，经常卡住关节，造成"绞锁"，使腿部突然间不能动弹。

1994年2月7日，在距离冬奥会开幕还有5天的时候，叶乔波接到了加拿大医生打来的电话。医生告诉她，她的左膝髌骨已严重错位，必须立即停止比赛进行手术，否则左腿有残废的危险。但是她依然静静地站在起跑线上，取得了铜牌。

在10天后的又一次手术中，医生发现她左膝盖的两侧韧带和髌骨早已断裂，腔内有8块游离的碎骨，骨骼的相交处呈锯齿状。

那天晚上，美国名将布莱尔夺得1000米速滑金牌，但全场喊得最响的却是叶乔波的名字。布莱尔的教练说："你们的叶乔波真正了不起！"

1994年后，叶乔波就因伤退役了。但她创造的辉煌永远被人们铭记：她除了在冬奥会上获得过2枚银牌和1枚铜牌外，还在另外3项速滑的世界大赛上合计获得了10个冠军。

实现中国冬奥会金牌"零"突破的杨扬

杨扬，女，1975年出生，黑龙江人，冬奥会冠军得主。2010年当选国际奥委会委员，2016年当选国际滑冰联合会第一理事。

见到杨扬的人，都会被她大方、平和的微笑所感染，更因她一口流利的英语而吃惊。杨扬至今为止仍是中国新一代体育明星的代表——时尚、富有魅力，且富有品牌价值。她在2002年美国盐湖城第19届冬奥会上为中国夺得第一枚冬奥会金牌。

东北的孩子从小就爱滑冰，杨扬也不例外。但她从不认为自己是个冰上天才，她说她从身体素质到头脑反应，都没达到最出类拔萃的程度，成绩全靠艰辛的努力。

1989年，杨扬来到黑龙江省体校，在全班10名学员里她的身体条件和技术基础都是最差的一个。由于招生的名额有限，教练怕她一旦练不出来反而耽误了别的孩子入学，便让她先做一年自费的试训生。

当时体校只有一个室内冰场，每天24小时满满地排下来，每个班也只能练两个小时。她们班的训练时间是夜里10点到12点，所以她们常年都得晚上从床上爬起来。体能训练时，教练规定做10组蛙跳，她偷偷地做上13组甚至15组；每天4小时的训练课，和其他队员一样完成后，自己还要加练1小时。针对自己爆发力不够的问题，她抓紧一切时间拼命训练，半夜回来刚睡了几个小时，早晨6点钟就又起来连跑带跳。就这样，当一年试训期满的时候，她不但赶上了其他学员，而且运动成绩在班里已名列前茅。

凭着自己的努力，杨扬在1991年正式进入黑龙江省队，并获得了全国短道速滑冠军赛3000米冠军，这是她的第一个全国冠军。1993年，杨扬来到北京参加国家集训队。1995年，杨扬由黑龙江省队进入中国国家队。

2002年2月16日，历史仿佛在这一瞬间定格。当短道速滑女子500米决赛

2002年盐湖城冬奥会比赛中的杨扬

发令枪一响，杨扬就像离弦之箭一样，一路领先，最终以44秒187的成绩问鼎冠军，实现了中国冬奥金牌"零"的突破。

颁奖仪式结束后，面对记者的采访，她说："今天是我最兴奋的一天，也是我人生中最困难的一天。1500米比赛失利后我像做了一场噩梦，尽管队里不断鼓励我，但我还是哭了好几次。在今天的比赛中，我一直在喊：我是杨扬，不是别人，直到最后赢了，我还在喊这句话。"

"我终于战胜了自己！"杨扬激动地说。

2010年2月12日，在温哥华举行的国际奥委会第122次全会上，杨扬当选为国际奥委会委员，成为中国第一位以退役运动员身份当选的国际奥委会委员。

中国首对花滑奥运冠军申雪／赵宏博

申雪、赵宏博，黑龙江人，中国花样滑冰队运动员，冰上伉俪。

中国花样滑冰接触双人滑的时间其实很早：1959年捷克斯洛伐克队访华时，就教过双人滑，但在70年代以前，双人滑只是偶尔作为表演项目出现在全国比赛中。

1980年，双人滑第一次成为全国比赛项目。之后三十多年时间里，中国选手从无到有、由弱到强，2010年2月16日，申雪／赵宏博终于夺得了首个花样滑冰奥运会金牌。

2010年9月4日，他们在冰面上举办了婚礼，并邀请多名花样滑冰世界冠军，为中国观众奉献了一场赏心悦目、浪漫唯美的艺术盛宴。

申雪、赵宏博在2010年温哥华冬奥会赛场上

1992年，14岁的申雪结束了女子单人滑的生涯，19岁的赵宏博则在重新找双人滑搭档，教练姚滨独具慧眼，让两人第一次在冰上拉起了手。

教练没有看错，4个月后他们就获得全国锦标赛冠军，1993年拿到了亚洲杯双人滑银牌。1994年两人第一次站上世锦赛的舞台，虽然只拿到第21名。但是从此国际花样滑冰的赛场上有了一对黑眼睛、黑头发、黄皮肤的中国双人滑搭档。国际裁判和冰迷对这对新面孔从陌生到熟悉，再到认可，他们的成绩也是芝麻开花节节高，逐渐开始跻身世界一流的行列。

申雪、赵宏博职业生涯共同经历了无数的苦难、挫折、喜悦和幸福后，两人之间相携一路走来的爱情也终于瓜熟蒂落。2007年世锦赛自由滑比赛结束后，赵宏博浪漫地单膝跪地向申雪求婚，成就这对花样滑冰伉俪的美好姻缘。

2007年两人曾宣布退役。但为了冬奥会金牌梦想，两人在2009—2010赛季宣布复出，又一次站上冰面。2010年温哥华冬奥会的花样滑冰比赛正值西方的情人节，奥运会的金牌是两人早就计划好给对方最好的情人节礼物。压轴出场的他们以近乎完美的表现，终于摘得金牌。

这是四度征战冬奥会的他们首次夺冠，也是中国花样滑冰在冬奥会历史上的第一枚金牌。戴上沉甸甸的金牌，37岁的赵宏博和32岁的申雪眼睛里闪着激动的泪光。

向梦想出发

自2002年杨扬夺得首金起，中国冰雪运动队涌现出大批优秀运动员，这些运动员接过老一辈运动员的火炬，用自己独特的个性和艰苦的努力，开启了一个新的时代。

2010年温哥华冬奥会颁奖仪式上的王濛

"假小子" 王濛

王濛，女，"80后"，黑龙江人，中国女子短道速滑队运动员。1998年进入黑龙江省体校，2000年，16岁的王濛进入国家队，从此开始了她的传奇故事。

在人们的印象中，王濛永远都是一头英姿飒爽的短发。她从小好动，1994年，她正好10岁，黑龙江省七台河市速滑教练马庆忠来学校选"苗子"，一眼就相中了爱蹦爱跳的王濛。当时马教练就想挖过来，可是王濛的父母坚决不同意。后来，马教练和王濛小学的校长"三顾茅庐"，好说歹说，才同意王濛学滑冰。

别的女孩子爱穿连衣裙、扎蝴蝶结，玩布娃娃，她却爱穿运动服，爱冰刀。她第一次跟马教练来到冰场时，因为脚小，没有适合的冰刀，所以3天之后才上冰。她的第一双滑冰鞋就是马教练托人四处打听，满世界跑才找到的。看到来之不易的新冰刀，王濛乐得一蹦三尺高，在冰上时穿着，下了冰仍不离手，竟然抱着宝贝冰刀睡了一夜。自此，王濛开始了长期艰苦的训练。

2010年2月12日至28日，第21届冬奥会在加拿大温哥华举办。中国队以5金2银4铜闯入奖牌榜前8名，创造了中国参加冬奥会历史最好成绩，其中王濛一人就获得了3枚金牌。

她先后在速滑500米的预赛及半决赛两度刷新冬奥会纪录，并在决赛中以43秒48的成绩为中国夺得1枚金牌。随后在3000米接力赛中与队友再下一城，摘下第2枚金牌。在2月27日举行的1000米比赛中，以1分29秒213的成绩获得冠军，让自己的冬奥金牌总数达到3枚，超越了杨扬的2金纪录，成为中国第一位在单届奥运会收获3金的女选手。

"空中陀螺" 韩晓鹏

如果说杨扬在盐湖城冬奥会实现金牌"零"的突破是第一座里程碑，那么，韩晓鹏在意大利都灵的一跃，就是中国冰雪运动新的里程碑。

韩晓鹏在2006年都灵冬奥会上

　　初见韩晓鹏的人，听着他一口纯正的东北腔会让人误以为他是东北人，其实他是汉高祖刘邦的老乡，一位来自江苏沛县的冬奥会自由式滑雪空中技巧冠军。他是第一个在冬奥会雪上项目夺冠的中国运动员，也是第一位在冬奥会上夺冠的中国男子运动员。

　　小时候，怎样让韩晓鹏吃饭成了他父亲十分头疼的问题。"他那个时候吃不下饭，看到什么都没有食欲，一到吃饭的时候，我们就拿他没办法。"看着平时的食量只有同龄孩子一小半的儿子，他父亲动起了脑筋。正巧，沛县的业余技巧队招人，家人就把他送到学校去了。那时候，韩晓鹏8岁，他很快爱上了这项运动，"吃饭"问题得到了彻底解决。

　　自由式滑雪空中技巧运动员跟体操运动员不一样，因为场地原因，在训练的时候没有保护带，一般是先在陆地上做一些辅助的训练。冬天可以在雪地上练习，夏天则在一个很高的台子上，跟冬季的台子一样，不过落下的地方不是雪地，而是一个特别大的水池子。这样冬天实地练习，心中的恐惧减轻了很多。

　　队员们管夏天的训练就叫"练跳水"，跳水队员是头先入水，而自由式滑雪空中技巧项目却是脚先入水。首次站在跳台的最高点，有八九层楼的高度，韩晓鹏第一次跳很忐忑，觉得下面的水池怎么那么小，感觉会飞出去。心中有恐怖的感觉，挺害怕、挺刺激，也挺有挑战。

　　冰雪项目中，论水平和成绩，中国一直是"冰强雪弱""女强男弱"。然而这种情况正在悄悄发生变化。

　　2006年2月23日，韩晓鹏在都灵冬奥会上一鸣惊人，在自由式滑雪决赛中以250.77分力挫群雄，他做的第一个动作专业术语叫 BFDFF，就是向后横轴翻转3周，加转体4周，第二个动作是横轴翻转3周，加转体3周，最终获得了都灵冬奥会自由式滑雪男子空中技巧金牌。

　　自由式滑雪是中国雪上项目"蓄谋已久"的突破口。早在1998年的长野第18届冬奥会上，徐囡囡就夺得女子空中技巧银牌，实现中国雪上项目奖牌"零突破"。此番在都灵，李妮娜、徐囡囡、郭心心分别获得女子空中技巧第2、4、6名。多年来，空中技巧的教练员、运动员和其他人默默无闻地在冰天雪地中训练，终于结出了丰硕的果实。

"天才杀手"周洋

　　周洋，女，"90后"，吉林人，中国女子短道速滑队运动员。2010年温哥华冬奥会短道速滑女子1500米冠军、3000米接力冠军。2014年索契冬奥会短道速滑女子1500米冠军。

　　周洋2006年进入国家队，那时她只有14岁。

　　在温哥华冬奥会上，短道速滑女子1500米决赛被称为"史无前例"，因为冰道上足足有8个人。当时韩国选手就有3人，而中国选手只有周洋1人。周洋当时在第2道，没有队友的掩护，只能奋力争先，在起步就滑到了第一位。但之后韩国对手步步紧逼，周洋因一个小失误而落后，在受到

2010年温哥华冬奥会上的周洋

美国选手凯瑟琳干扰的情况下，在最后4圈，周洋以传奇般的爆发力，像闪电一般以2分16秒993获得金牌，并刷新奥运会纪录，落下对手好几个身位。

周洋的这枚金牌也创造了另外两个纪录，她成为中国短道历史上首位1500米冬奥会金牌得主，也成为中国最年轻的冬奥会冠军。

2014年2月15日，索契冰山滑冰馆。这个场地的外形设计如它的名字一般，就像一座漂浮在海洋上的冰山。它是一个可移动的场地，可以"漂移"到其他地区开展比赛。

当时短道速滑1500米夺冠呼声最高的并不是周洋，而是被誉为"天才少女"的韩国选手沈石溪，她曾在之前的4站世界杯分站赛的1000米、1500米比赛中6次夺冠，毫无意外地成为本届冬奥会的夺冠大热门。甚至有19家博彩公司为本场比赛开出了夺冠赔率：韩国队的3名选手将包揽前3名，周洋只排在第4位。

然而奇迹再一次发生。周洋在决赛中成功反超，在前期混战中保持平衡，跟滑到倒数第2圈时两步完成干净的超越，不给沈石溪任何反超的机会。周洋完美地展现了自己的实力，证明了自己在短道速滑长距离项目上的独特天赋。

"幸运舞者"李坚柔

李坚柔，"80后"，吉林人。中国女子短道速滑队队员。10岁开始练习滑冰，2008年入选国家速滑队，后因状态不稳定而退出，2010年再次入选国家队。2012年，在上海世界短道速滑锦标赛中获得女子1500米、个人全能和接力比赛3枚金牌。2014年2月13日，李坚柔在索契冬奥会女子短道速滑500米决赛中获得冠军，为中国夺得索契冬奥会首枚金牌。

这场决赛充满戏剧性。共有4名选手进入本次决赛，第1道是韩国的朴升智，第2道是意大利的方塔娜，第3道是英国的克里斯蒂，第4道是李坚柔。

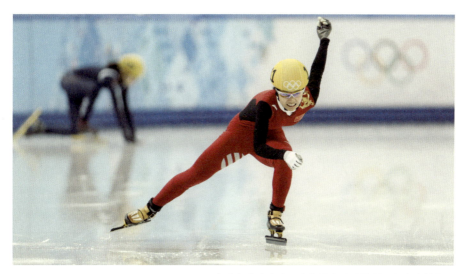

2014年索契冬奥会上，李坚柔在对手摔倒后奋力冲刺夺冠

发令枪响后，朴升智抢到了头名，处于第2、3名的方塔娜和克里斯蒂拼得很凶，李坚柔排在最后。比赛中途，意外发生了，方塔娜和克里斯蒂发生碰撞，两个人摔倒了，还碰到了领先的朴升智，朴升智也失去重心摔倒。李坚柔一骑绝尘滑过终点。最终以45秒263获得金牌。

所有人都说，天上掉下了一块馅饼，就连李坚柔本人也承认自己很幸运。但能得到命运之神的垂青，又绝非偶然。假如她没能进入决赛，即使3名对手全都摔倒，她也没资格拿冠军；假如3名对手摔倒后，她心理素质不过硬，也跟着摔倒，最终鹿死谁手还尚未可知。李坚柔做成了一件不平凡的事，她平静地等待机会来临，当所有人失手，她却不慌不忙，做好了准备。有时候实力无法决定胜负，心态却成为命运的主宰。

"我练滑冰练了18年，经历的曲折比一般运动员都要多，这让我的内心变得简单。别人可能想得多，紧张，我只有奋力一搏，做好自己应该做的事情，没有努力就没有奇迹。"李坚柔在电视镜头前平静地说。

2014年索契冬奥会颁奖仪式上的张虹

"冰上彩虹"张虹

张虹，女，哈尔滨人，军人，中国冬奥会历史上的第一枚速度滑冰金牌获得者。

小时候，张虹家楼下就是武警部队的营区，每天小张虹都趴在窗户上看武警战士们训练、摔倒，再训练、再摔倒，痴痴入神。他的父亲看到这一幕，就觉得女儿是块当兵的料，但当兵首先要有一副好身板，所以他就下决心带张虹去学滑冰。

当小张虹第一次站在冰场上，冰感特别好，短短1天时间就能独自滑行。后来，她进了哈尔滨体育学院，从家往训练地骑自行车需要四十多分钟，加上训练的时间，回到家就晚上十点多了，腿都软了，但她仍然日复一日坚持。

张虹从7岁到20岁学的都是短道速滑，2008年才改练速度滑冰。

其实早在张虹15岁的时候，教练就提议让她改练速度滑冰。因为张虹身材高、力量大，在短道上不利于转弯，但很适合速度滑冰。但此事迟迟没有定下来，直到2008年张虹才正式成为速滑教练冯庆波的学员。

　　速度滑冰和短道速滑，看起来似乎都是在冰面上进行，区别不大，但真正滑行起来技术上相差很多。张虹刚开始不适应，一切都得从零开始，接受魔鬼式训练。在长途轮滑训练中，一开始她跟不上大队伍，就跟着教练的车滑上一段距离，直到跟上大队伍，但张虹跟了一段，又被大队伍落在了后面，就又跟着车滑上一段。每天累出一身汗，成绩终于越来越好、越来越快。

　　当她超过了身边所有的女队员，就开始把目标盯上了男队员；男队员完成30圈滑行她就一直跟随着滑行，成了队里唯一能坚持滑行30圈的女队员。

　　索契冬奥会上，张虹铆足了劲，一定要拿一块金牌，为国争光。

　　在女子1000米项目上，张虹最大的对手是加拿大名将内比斯特，另外还有美国选手理查德森、鲍维和荷兰名将伍斯特等人。当发令枪打响那一刻，张虹如离弦之箭一样飞出起跑线，她顺利地完成了第一个弯道，靓丽的身影在冰道上画出了一弯美丽的彩虹。面对对手的追赶，张虹非常从容，发挥出色，半程过后，张虹领先内斯比特0.2秒左右，最终以1分14秒02第一个冲过终点，获得中国冬奥会历史上的第一枚速度滑冰金牌。

09

3亿人参与冰雪运动

我用那方块字

把盛情书写

片片雪花做请帖

请你来滑雪

编一个中国结

把友谊连接

我在长城等着你

等待你来赴心灵之约

——陈道斌《请到长城来滑雪》

让冬奥走进生活

冬奥会就要来了，它一步步走进山海关，走进我们的生活，向我们展现冰雪运动的激情和魅力。

冰雪"突围"

中国有960万平方公里的国土面积，13.7亿人口，南北跨纬度近50度，最北到达北纬53度的漠河，适合开展冰雪运动的地区十分广泛。然而长期以来，一提起冬季项目和著名滑冰、滑雪运动员，人们却总是自然而然地想到东北，脑中浮现出一片冰天雪地的景象。

东北地区大部分处于北温带，少部分在寒温带和暖温带，气候寒冷湿润，

降雪充足，被称为"林海雪原"实不为过。从孩子们爱看的《熊出没》，到大人们至今仍在回味的《智取威虎山》，所有冰雪题材仿佛都来自东北。其实冬季运动也是一样，长期以来都是"东北三省包打天下"的局面。

山海关——"天下第一关"，位于河北秦皇岛偏东北15千米处，依山傍海，紧扼要隘，属华北之要冲。这里也可以看作是东北与华北的一个交界点，是拱卫京师的"锁钥"。

然而，它不仅"锁"住了要塞，也将冬季运动"锁"到了关外。新中国成立以来，全国冬运会共举办过13届，其中12届都在东北地区举办，中国冬季项目运动员绝大多数也出自东北。

为发展普及冰雪运动，旨在实现冰雪"突围"的"北冰南展西扩"计划在20世纪80年代末应运而生。但是当时包含的范围还比较狭窄，更多的是针对竞技体育，主要目的是为了提升南方省市的冰雪竞技水平，在适合的地方或海拔较高的地方，建立一些冰场、雪场和体校，培养一些好"苗子"。如此一来，在全国冬运会时，南方的省市也能派出一些代表队来参加比赛。

2010年，对于中国冬季运动发展来说是一个极有纪念意义的年份。中国冬奥代表团在加拿大温哥华冬奥会上，取得5金2银4铜的好成绩，位列奖牌榜第7名，王濛、周洋、李妮娜等人在国内掀起了一阵"冰雪旋风"。

与此同时，为了更大范围地开展群众冰雪运动，国家体育总局冬季运动管理中心制定了冬季项目的中长期发展规划，将"北冰南展西扩"作为其中重要内容之一，定位也不再单单是专业队和体校的概念，而是在更大范畴内实施，包括群众体育、冰雪产业等，旨在满足群众日益增长的冬季体育需求，促进大众参与。此后，上海、杭州、南京都举办过国际冰雪赛事，广州、深圳也举办了花样滑冰等表演赛，新疆承办了2016年第13届全国冬运会。

冬季运动的种子正在向全国播撒。

3亿人参与冰雪运动

3亿人上冰雪的目标，就是为了让更多人享受冰雪运动的乐趣。

小魏，一位来自河北保定的小伙，这个冬天特别兴奋。他大学毕业不久，自己创业做了个小老板，只因陪客户去了一趟崇礼，就深深地爱上了滑雪这项运动。"真是太刺激了"，他说。刚开始进到滑雪场时，穿起笨重的滑雪鞋，再套上雪板就更不知道怎么迈步了，整个人就像鸭子一样，一摇一摆地往前挪。等稍稍学会滑雪后，站在坡上，只要轻轻一推，人就走了，但一定要注意身体平衡，要不绝对摔个四仰八叉……现在，他已经是滑雪老手了，在蓝天白云下，穿着鲜艳的滑雪服，戴着墨镜飞速滑下，呼吸着清新的空气，看着皑皑的白雪，别提有多爽快了。

　　3亿人从哪儿来？东三省人口全算上也就1亿多，男女老少全加上也不够，所以这个范畴必须向外扩展，前提是要具备一些基础条件。

　　首先是场地。冰场还好说，现在冰场大多都在室内，所以不管大江南北，只要具备相应的制冷条件，都能建起冰场。如果你还认为在被称为"火炉"的重庆根本没有机会滑冰，那么你 OUT 了。早在20世纪90年代，重庆大都会就建成了第一家冰场，每天接待超过800人次。然而滑雪场地建设标准和成本则要高很多。建设一个滑雪场，要考虑海拔、温度、水源、地势等，还要装配上山的行车道路，光索道就要花二千多万元。而且目前我国户外滑雪场依旧"靠天吃饭"，人工造雪成本太高，一台造雪机超过20万元，一台压雪机超过200万元，加上水电成本，一次造雪基本上要花30万元左右。

其次是装备。就滑雪而言，大到雪板、雪鞋、滑雪服，小到头盔、雪镜、护膝护肘，一套装备下来最便宜也得一万多元。冰上运动同样"烧钱"，比如日渐风靡的冰球运动所需装备，包括冰球鞋、冰球刀、护具、冰球杆等，一套下来也得一万多元，这还是比较低的标准。冬季运动门槛较高，从运动装备到场地条件，均依托于消费水平和资金投入。所以很长一段时间，高昂的运动成本限制了冬季运动的普及。并且目前国内制作专业滑雪板、滑雪服的企业非常少，很多"发烧友"的装备基本上依赖于进口。

现有设施不足、产业链条缺失、整体规模有限，与日趋增长的冰雪需求难以匹配，是制约3亿人目标实现的瓶颈。因此，国家体育总局提出了系统的"3亿人"实现策略，不断加强基础设施建设、加大宣传力度、培育产业链条，带动人们参与冰雪运动。

国家体育总局把3亿人大致分为两类人群：一部分是直接参与冰雪运动的群体，包括冰雪发烧友和接受冰雪课程教育的在校学生，以及专业运动员、教练员等；另一部分则是间接参与冰雪运动的人群，包括：各类冰雪活动的

参与、体验者，冰雪知识讲座、知识竞赛等活动的受众人群，冬季项目体育产业的从业人员等。

如果瓶颈得到妥善解决，3亿人目标将不难实现。

不再"窝"冬

按照传统的说法，冬天是蛰伏、休养的季节，尤其在北方，零下十多度的严寒让街上的行人显得零零落落。大多数人选择窝在家里，吆喝几个朋友喝喝酒、打打牌、侃侃大山，等待春天的到来。在北方这个习俗由来已久。尤其在过去，冬天显得更加漫长，冰天雪地封锁了乡村居民的出行，选择待在"暖和和"的家里，似乎是最正确的选择。

然而时代在变化，我们可以采取更加积极的方式。

举个最简单的例子，一冬天"窝"下来，肯定会有不少人为自己身上囤积的脂肪而发愁。同时一冬天"窝"在家里，自身免疫力会下降，而且人也变得懒散了。这需要改变！首先在意识上要有持之以恒的运动精神。有不少人在夏天能早起锻炼，跑跑步、打打球等，但一到冬天就不行了，意识上的懒散会让整个人都变得懒散。其次要付诸行动，每天制订科学的锻炼计划，按照循序渐进的原则，一天一天地坚持。

冬季健身的好处有很多：

● 增强身体机能：冬季健身，由于不断运动，新陈代谢旺盛，血液中的红细胞、白细胞、血红蛋白增多，身体对疾病的抵抗能力增强。

● 保持旺盛精力：冬季健身，血液循环加速，身体产生的热量增加，同时还增强了大脑皮层的兴奋性，增加大脑氧气的供应量，有助于消除大脑长期思考带来的疲劳，增强记忆力，提高工作效率。

◉ 减压排毒：由于春节的原因，冬季应酬和聚会也比平常更频繁，适当的运动出出汗，对身体来说是一次排毒的过程，能让潜藏在肌肤下面的有害毒素排出来。

◉ 减肥瘦身：因为身体要抵御严寒，所以冬季运动消耗的热量更大，为了维持恒定的体温，新陈代谢会加快，会消耗更多脂肪。

从娃娃抓起

先看一组数据：叶乔波，中国首位冬奥会奖牌获得者，10岁练滑冰；杨扬，中国首位冬奥会金牌获得者，10岁练滑冰；王濛，温哥华冬奥会"三冠王"，10岁练滑冰……

其实不只是滑冰运动，任何运动都会在一开始的时候，就选一些"好苗子"进行培养，期待这些"好苗子"长成"参天大树"。

习近平主席在索契冬奥会上会见国际奥委会主席巴赫时曾说，中国体育

事业取得了长足进展，中国运动员在国际赛场上捷报频传，但有些项目仍是短板，我们要分类指导，从娃娃抓起，扎扎实实提高竞技体育水平，持之以恒开展群众体育，不断由体育大国向体育强国迈进。

从娃娃抓起，首先要从学校体育课抓起。

学校的职责就是教书育人，让学生德智体美劳全面发展。然而现在很多学校却只重视文化课，对体育教育重视不够。虽然现在的学生在身高上有所提升，但在身体素质上变化不明显，甚至有下降趋势。

2010年调查显示，中国青少年的平均身高追上了日本同龄人，但在体能素质上依然落后于日本学生。例如，50米短跑平均成绩，中国各年龄组男生平均比日本男生慢0.11秒～0.69秒，女生则平均慢0.39秒～1.01秒。立定跳远成绩，11～15岁年龄组的中国男生平均成绩与日本的差距多达3.67厘米～8.69厘米，女生各年龄组差距最大的为9.83厘米。在握力比较上，中日各年龄组男生的平均差距为0.85公斤～2.13公斤，女生差距则更大。

　　从娃娃抓起，"百万青少年上冰雪"活动要继续推广深化。国家体育总局一直致力于将开始于黑龙江的"百万青少年上冰雪"活动推向全国，让更多孩子从小体验到冰雪运动的乐趣。

　　其实不只是中国，在许多欧美国家，滑冰、滑雪都被列入中小学体育课程，孩子们从小玩雪，日积月累"玩"成了专业选手。冰雪运动强国瑞士也提出"冬季运动从娃娃抓起"的理念，针对小学生开设"雪上运动日"活动，并启动国家网络平台，在组织冬令营活动时，可免费获得这个平台提供的订购交通、食宿、门票以及滑雪用品租赁、聘请教练等服务。

　　从娃娃抓起，是提升冰雪人口数量和质量的必由之路。其中的关键就在于让冰雪运动融入校园，融入孩子们的学习生活。然而现在的情况并不是孩子们不爱玩雪，不爱滑冰，而是很多孩子因为地域局限、场地不足、专业指导缺乏等原因，没有踏上冰场、雪场的机会，同时也被文化课侵占了太多的时间。

　　破解这个壁垒，不仅需要政策上的支持，更需要市场化的运作。要借

2022年冬奥会之机，让冰雪进校园借此驶上快车道，吸引更多的社会资金，加强冰雪运动基础设施建设，给更多人创造更容易接触冰雪运动的条件。同时鼓励有条件的学校推广冰雪项目、编写相关教材、设置相关理论课程，让越来越多的孩子在快乐中了解冰雪运动，参与冰雪运动。

让生活走近冬奥

国际奥委会提供给2022年冬奥会申办城市的问卷中，不止一处提到要促进举办城市群众体育运动的开展，让越来越多的人热爱和参与冰雪运动。我国申办2022年冬奥会的重要意义之一就是惠及民生，持续改善体育设施条件，促进群众广泛参与冬季运动，养成文明、健康的生活方式。

从小事做起

如何评价一届成功的冬奥会？不光是看它能否为当地带来经济上的发展，带来多少高楼大厦，修了多少场馆、道路，更重要的是要看当地城市的形象是否得到提升，市民素质是否得到提高。

冬奥会是国际性的盛会，受到全世界瞩目，我们的一言一行都会影响到国家的形象，我们每个人都是形象大使。

也许有人会说"不会这么夸张吧？我平时也不出国，也几乎不和外国人接触"，但是无论你是农民、工人、学生，还是国家工作人员或者自由职业者，你的生活工作状态，所秉持的道德标准就会通过各种媒体走进外国人的视线。在这个视讯发达的年代，这是避免不了的问题。

"我本来是来看比赛的，没想到却看到遍地的垃圾"。一位游客在一次滑冰世锦赛上抱怨说。从比赛开始到比赛结束，有些观众在欣赏精彩比赛的

同时，也留下了一地的"纪念"：塑料袋、空水瓶、易拉罐……其实这些东西都是可以随身带走的，只要每个人稍加注意，就会省去很多麻烦。举办大型赛事，能进一步提升国家的影响力和知名度，但如果这样随意乱丢垃圾，破坏的不止是看赛的心情，还有国家的形象。

我们每个人都应该从自身做起，除了热情迎接宾客、文明礼让，还要改掉一些坏毛病，比如乱穿马路，随地吐痰，乱扔垃圾，大声喧哗，随口说脏话等。这不仅是为了迎接冬奥会，更是为了展示中国文明向上的精神风貌。

改掉不文明习惯，会带来生活方式良性连锁反应，让自己受益无穷。比如，痰多与吸烟多有些关系，要想减痰，就得少吸烟，这不是一件好事吗？有吐痰习惯者，不妨随身带包纸巾；有乱扔杂物倾向者，不妨随身带一个小袋；喜欢在公共场所大声说笑者，不妨让人多提醒自己。对于我们每个人而言，做到文明并不难，有时仅仅是不丢垃圾那么简单。

　　冬奥没有旁观者，不管男女老少，不管年龄大小，每个人要从小事做起，从身边做起，都为北京2022年冬奥会的筹办工作贡献一份力量，找到属于自己的那份精彩。

爱护环境

　　古希腊哲学家亚里士多德曾经说过："人们来到城市是为了生活，人们居住在城市是为了让生活更美好。"

　　面对环境保护这一世界性的课题，国际奥委会认为自己应该并且可以在这方面做出努力。1994年，在法国巴黎以统一为主题的百年奥运大会上，国际奥委会确认了环境和可持续发展的重要性，继"体育、文化"之后，将环境视为奥林匹克精神中的第三个层面。1995年，国际奥委会体育与环境委员会正式成立，1996年，国际奥委会对《奥林匹克宪章》进行了修改："国际奥委会确保奥运会是在善待环境的情况下举行。"2000年，国际奥委会有史以来第一次要求申办城市必须讲明如何解决环境问题。

　　1994年，利勒哈默尔冬奥会被称为"第一届绿色的冬奥会"。其间，采取了固体垃圾分类回收、节约纸张等多项环保措施，用土豆粉、玉米粉等做成可回收餐具，回收后还可以作为肥料使用。这些做法被以后的主办城市纷纷效仿。

　　北京2008年奥运会筹备期间，实施了著名的5"R"计划。5"R"计划是北京2008年"青春奥运绿色行动"计划中的一环，旨在通过开展绿色环保宣传活动，倡导和推广"绿色文明生活方式"，提升青少年的环境意识，为2008年奥运会创造良好的生态环境。该计划自2002年7月启动，号召全市青少年积极参与北京地区生态环境建设和"绿色奥运"建设行动。

5 "R" 即

Recycle（循环利用）

Reuse（重复使用）

Reduction（节制消费）

Re-evaluation（替代消费）

Rescue（救助野生濒危动物）

　　活动开展以来，取得了良好的效果。北京市的广大青少年积极参与城市的绿化美化工作，增强节水、护水意识；积极参加绿化造林活动，保护绿色的家园；养成"绿色文明生活方式"，不乱扔废旧电池、不乱扔果皮等垃圾，把环保意识转化为自觉的行为习惯，为"绿色奥运"做出贡献。

　　2008年以后，5 "R" 计划的脚步并未停止，2022年冬奥会又为其赋予了新的内涵。"可持续"是2022年冬奥会坚持的三大理念之一，"绿色办奥"是筹办2022年冬奥会的工作原则。让我们携起手来，共同爱护我们的家园。到2022年冬奥会举办时，让我们的天更蓝，水更清，山更绿，人们可以畅快地呼吸新鲜的空气。

争做志愿者

志愿者在整个奥运会的进行过程中有着不可替代的作用。

在现代奥运会发展初期，奥运志愿者主要由军队和童子军构成。二战后到1976年蒙特利尔奥运会，志愿者由单纯的军队、童子军扩充到社会的各个阶层，并且有女性参加。1980年普莱西德湖冬奥会，6730名志愿者组成了历史上第一支正规的志愿者团队，当时的评价是"如果没有志愿者，这次冬奥会就不可能成功举办"。从此以后，奥运志愿者发挥了越来越重要的作用。

2002年盐湖城冬奥会上，比赛项目比上届冬奥会多出10项，参赛选手也创下新高，因此对志

北京2008年奥运会上，志愿者们给世人留下了深刻的印象。志愿服务是一种精神，用微笑服务，用热情奉献，"我参与、我奉献、我快乐"。志愿者们的辛勤付出，对奥运会的顺利举行起着至关重要的作用，正如国际奥委会名誉主席罗格所说："当我们把奥林匹克梦想变成现实之时，我们还要特别感谢成千上万、无私奉献的志愿者们，没有他们，这一切都不可能实现。"

北京2008年奥运会的志愿者

北京2008年奥运会的志愿者

愿者的需求也相应提高。2000年11月，盐湖城组委会对冬奥会志愿者开启15个月的培训。当时他们高呼的口号就是"CHARGE"。"CHARGE"本意为冲锋，但在这里的真正意义却是由6个单词的首字母合成：Committed（恪尽职守）、Helpful（助人为乐）、Adaptable（随机应变）、Respectful（尊重他人）、Gracious（亲切友好）、Enjoy（享受乐趣）。这是盐湖城冬奥会对志愿者精神的高度概括。

小吴曾是一位在英国伦敦求学的留学生，2004年雅典奥运会时，他在网上报名成了一名奥运志愿者。每天，他都5点钟起床，再经过两个多小时的车程，来到工作赛场，开启一天的忙碌。"志愿者远远没有想象中那么好当"，他笑着说。"在工作时间内，会有无数的人询问卫生间在哪里，哪里能买到水和食物，哪里能提供短暂休息等，志愿者还要帮忙找丢失的书包、手机，更要帮助找不到父母的孩子。"一段时间下来，每个人都嗓子沙哑，皮肤黝黑，但是大家都努力做好自己的工作，在那么大的环境和氛围中，你会受到感染并且融入进去，do your best（做最好的你）。

志愿者的意义，是奉献，是职业精神，是热情与能力。其实重要的并不是经历奥运这段辉煌，更重要的是对今后人生的启迪。如果这种启迪能伴终生，那你将青春永驻。

青春因奉献而美丽。北京2022年冬奥会，所有的年轻朋友都有一席之地。

把冬奥留在身边

冬奥会给我们的，并不是短暂的愉悦，而是一种永远的精神，一种生活的方式，冬奥会将给中国社会一个积极的改变。

每天锻炼1小时

"宅",不知何时成为一个热词、一种时尚,甚至出现所谓的"御宅族"。宅者,顾名思义,就是整天待在自己的小屋里不出门。在网络、物流发达的今天,即使天天"宅"在家里也会活得比较"滋润"。网络电视、微信、QQ、微博、网购、快递……有了这些,干吗要出门啊,有网络付款,什么都能搞定,这就是"宅"人的心态。

"宅"一词在20世纪80年代最早出现在日本,用来形容对动漫、电子游戏等痴迷的人,他们一般足不出户、不善与人相处。这种现象在全世界各个国家都有,也影响了相当一部分青少年,带来令人忧虑的后果。比如,由于缺乏体育锻炼,身体素质下降,缺乏人际交往,导致冷漠和社交能力下降,另外还有性格软弱、意志不坚、双面性格、较叛逆等。

青少年是祖国的未来,青少年的体魄、意志和品质是一个国家未来的竞争力。体育锻炼不足,体育意识淡化,身体素质全面下降,这些因素的结果就是青少年的体质和国外同龄人相差很多。《中国青少年体育发展报告(2015)》多项身体素质检测显示,大学生耐力素质依然持续下降。这与自由的大学生活有着莫大的关联,除了上课,大学生们基本上是自由的,有很多可以支配的时间,但大多数人选择了在宿舍或网吧上网,而且是长时间甚至通宵达旦地上网。

究其根本的原因,就是因为体育锻炼还不是一种自觉的习惯。初高中还好一点,因为有体育课需要考核,但一旦没有了这些硬性约束,年轻人可能就会疏于锻炼。

曾经有一位班主任介绍培养品学兼优学生的经验,他将其概括为一个公式,"7+1>8",即是每天全身心投入学习7小时,然后坚持锻炼1小时,其效果大于8小时的学习效果。健康的身体需要运动来保证。有些人认为体育锻

炼浪费时间，说分秒必争的读书学习才是硬道理。其实不然，要想取得优秀的成绩，必须以强健的体魄为前提。如果哪一天身体垮了，优秀的学业自然也就难以为继。7+1>8说的就是这个道理。

在美国洛杉矶帕萨迪纳市有一个叫"YES"的俱乐部，每年向5岁至16岁的青少年体育爱好者提供足球、篮球、排球和长曲棍球的训练课程，目前大约有九百多名孩子利用业余时间参加培训。"YES"是英文青年（Youth）、教育（Education）和运动（Sports）3个单词的首字母，合起来正好组成了表示肯定意思的英文"是"。"YES"俱乐部首先注重培养孩子们对运动精神的热爱，帮助他们树立积极、健康、向上的人格，其次才是体育技能的培训。这里的家长们送孩子参加训练的，几乎没有谁刻意要把孩子培养成职业运动员，而是感受运动的乐趣。

冬奥会就要来了，我们期待对体育运动的热爱像空气一样包裹着青少年，不管是在城市还是在乡村，都能看到有一些孩子在冰场、雪地里嬉戏和运动。他们茁壮地成长，将来撑起一片天空。

与健康有个约会

在当今时代，人们已经渐渐脱离了体力劳动。有数据表明，在农业时代，人们体力与脑力支出比为9∶1，工业时代为6∶4，而信息化时代则为1∶9。伴随着生产力的发展，运动不足常常导致身体出现各种症状。

食欲不振、浑身无力、容易疲倦、失眠多梦、思想散漫、头痛健忘、眼睛疲劳、起立时眼前发黑、早晨起床有不快感、睡眠不良、手足发凉、容易晕车、坐立不安、心烦意乱等亚健康症状的产生，与缺乏运动锻炼，不吃早餐，长期在空调环境中，常坐不愿走动，睡眠时间不足，长期面对电脑，精神压力大等不无关系。但最重要的原因，就是缺乏锻炼。

位于欧洲南部巴尔干半岛上的希腊，孕育了欧洲最古老的文明。这里三面环海，人们以海洋为生，长期地在海洋中与大自然搏斗，使古希腊人形成了爱好运动竞技的传统，奥林匹克圣火至今仍在世界熊熊燃烧。

聪明的古希腊人很早就运用体育手段达到防治疾病的目的。在一片石崖上仍记载着他们的格言："你想健壮吗？跑步吧！你想健美吗？跑步吧！你

想聪明吗？跑步吧！"运动是生命的形式，体育运动可以增强人们体质，提高免疫力，还能在运动过程中燃烧脂肪，排除毒素，并能够有效缓解生活快节奏带来的紧张情绪，带来身心愉悦。

绝大多数人从小就爱玩儿，但这个玩儿为什么只是娱乐而不是运动呢？造成这一切最根本的原因只有一个，就是没有坚持锻炼的习惯。生命在于健康，健康在于锻炼。我们平时忙于工作、应酬、聚会、泡吧，宁愿选择各种各样的社交休闲活动，也不愿意把时间留给运动。没有时间，没有精力，我们可以找出千万个理由不去运动，而越来越差劲的身体却为此"埋单"。

与健康有个约会，就是要培养运动爱好，参与各项锻炼。"我想试一试""I Love This Game（我喜欢这项运动）""我也可以做到"，要这样经常地提醒自己。叫上几个志同道合的人，夏天，我们可以去登山、游泳、跑步，冬天我们可以去滑冰、滑雪、打冰球。

当几天不动就感觉不舒服时，那你的运动习惯就养成了。

附录一　历届奥运会简况

1. 历届奥运会简况

届次	时间	主办城市	参赛国家地区数	比赛项目数		参赛运动员数
				大项	小项	
1	1896.04.06~04.15	希腊雅典	14	9	43	241
2	1900.05.20~10.28	法国巴黎	24	18	95	1225
3	1904.07.01~11.23	美国圣路易斯	13	17	91	689
4	1908.04.27~10.31	英国伦敦	22	22	110	2035
5	1912.05.05~07.22	瑞典斯德哥尔摩	28	14	102	2547
6	1916	因第一次世界大战停办				
7	1920.04.20~09.12	比利时安特卫普	29	22	154	2669
8	1924.04.20~09.12	法国巴黎	44	17	126	3092
9	1928.05.17~08.12	荷兰阿姆斯特丹	46	14	109	3014
10	1932.07.30~08.14	美国洛杉矶	37	14	117	1408
11	1936.08.01~08.16	德国柏林	49	19	129	4066
12	1940	因第二次世界大战停办				
13	1944	因第二次世界大战停办				
14	1948.07.29~08.14	英国伦敦	59	17	136	4066

（续表）

届次	时间	主办城市	参赛国家地区数	比赛项目数		参赛运动员数
				大项	小项	
15	1952.07.19~08.03	芬兰赫尔辛基	69	17	149	4925
16	1956.11.22~12.08	澳大利亚墨尔本	67	17	145	3184
	06.10~06.17	瑞典（马术）	29	1	6	159
17	1960.08.25~09.11	意大利罗马	83	17	150	5348
18	1964.10.10~10.24	日本东京	93	19	163	5140
19	1968.10.12~10.27	墨西哥墨西哥城	112	18	172	5530
20	1972.08.26~09.11	德国慕尼黑	121	23	195	7123
21	1976.07.17~08.01	加拿大蒙特利尔	92	21	198	6028
22	1980.07.19~08.03	苏联莫斯科	80	21	203	5217
23	1984.07.28~08.12	美国洛杉矶	140	21	221	6797
24	1988.09.17~10.02	韩国汉城	159	25	237	8465
25	1992.07.25~08.09	西班牙巴塞罗那	169	28	257	9367
26	1996.07.19~08.04	美国亚特兰大	197	26	271	10318
27	2000.09.15~10.01	澳大利亚悉尼	199	27	300	10651
28	2004.08.13~08.29	希腊雅典	201	28	301	10625
29	2008.08.08~08.24	中国北京	204	28	302	11438
30	2012.07.27~08.13	英国伦敦	204	26	302	10500
31	2016.08.05~08.21	巴西里约热内卢	206	28	306	
32	2020.07.24~08.09	日本东京				

2. 历届冬季奥运会简况

届次	时间	主办城市	参赛国家地区数	比赛项目数		参赛运动员数
				大项	小项	
1	1924.01.25～02.05	法国夏蒙尼	16	4	16	258
2	1928.02.11～02.19	瑞士圣莫里茨	25	4	14	464
3	1932.02.04～02.13	美国普莱西德湖	17	4	14	252
4	1936.02.06～02.16	德国加米施－帕滕基兴	28	4	17	668
5	1948.01.30～02.08	瑞士圣莫里茨	28	4	22	669
6	1952.02.14～02.25	挪威奥斯陆	30	4	22	694
7	1956.01.26～02.05	意大利科蒂纳丹佩佐	32	4	24	820
8	1960.02.18～02.28	美国斯阔谷	30	4	27	665
9	1964.01.29～02.09	奥地利因斯布鲁克	36	4	34	1091
10	1968.02.06～02.18	法国格勒诺布尔	37	6	35	1158
11	1972.02.03～02.13	日本札幌	35	6	35	1006
12	1976.02.04～02.15	奥地利因斯布鲁克	37	6	37	1123
13	1980.02.13～02.24	美国普莱西德湖	37	6	38	1072
14	1984.02.08～02.19	南斯拉夫萨拉热窝	49	6	39	1274
15	1988.02.13～02.28	加拿大卡尔加里	57	6	46	1423
16	1992.02.08～02.23	法国阿尔贝维尔	64	6	57	1801
17	1994.02.12～02.27	挪威利勒哈默尔	67	6	61	1739
18	1998.02.07～02.22	日本长野	72	7	68	2302
19	2002.02.08～02.24	美国盐湖城	77	7	78	2399

（续表）

届次	时间	主办城市	参赛国家地区数	比赛项目数		参赛运动员数
				大项	小项	
20	2006.02.10～02.26	意大利都灵	80	7	84	2508
21	2010.02.12～02.28	加拿大温哥华	82	7	86	2632
22	2014.02.07～02.23	俄罗斯索契	88	7	98	2780
23	2018.02.09～02.25	韩国平昌		7	102	
24	2022.02.04～02.20	中国北京				

3. 历届青年奥运会简况

届次	时间	主办城市	参赛国家地区数	比赛项目数		参赛运动员数
				大项	小项	
1	2010.08.14～08.26	新加坡	205	26	201	3528
2	2014.08.16～08.28	中国南京	204	28	222	3787
3	2018	阿根廷布宜诺斯艾利斯				

4. 历届冬季青年奥运会简况

届次	时间	主办城市	参赛国家地区数	比赛项目数		参赛运动员数
				大项	小项	
1	2012.01.13～01.22	奥地利因斯布鲁克	70	7	63	1042
2	2016.02.12～02.21	挪威利勒哈默尔	71	7	70	1100
3	2020	瑞士洛桑				

注：以上数据来源于国际奥委会官网。

附录二　历届全国冬季运动会简况

届次	时间	举办地	比赛项目数		参赛运动员数
1	1959.02.01~02.05 1959.02.10~02.20	吉林省吉林市 黑龙江省哈尔滨市	5	50	224
2	1965	停办			
3	1976.01.16~01.26 1976.02.18~02.23	黑龙江省哈尔滨市 黑龙江省尚志县	5	67	975
4	1979.02.15~02.20 1979.03.04~03.09 1979.09.08~09.17	黑龙江省尚志县 新疆维吾尔自治区乌鲁木齐市 北京市	5	60	593
5	1983.02.20~02.28 1983.03.12~03.22	黑龙江省尚志县 黑龙江省哈尔滨市	7	49	603
6	1987.01.13~01.20 1987.03.10~03.15	吉林省吉林市	8	46	575
7	1990.12.02~12.07 1991.02.02~02.09	黑龙江省哈尔滨市	8	57	664
8	1995.01.15~01.24	吉林省吉林市	9	58	579
9	1999.01.10~01.19	吉林省长春市	9	64	1168
10	2003.01.04~01.18	黑龙江省哈尔滨市	10	74	846
11	2008.01.18~01.28	黑龙江省齐齐哈尔市	11	90	1018
12	2012.01.03~01.13	吉林省长春市	12	105	1067
13	2016.01.20~01.31	新疆维吾尔自治区	11	97	1389
14	2020年	内蒙古自治区			

附录三 2022年冬奥会申办大事记

- 2013年11月3日，中国奥委会致函国际奥委会，提名北京市为2022年冬奥会申办城市。由北京市承办冰上项目的比赛，河北省张家口市崇礼县承办雪上项目的比赛。

- 2013年11月14日，国际奥委会公布，哈萨克斯坦阿拉木图、中国北京（联合张家口）、波兰克拉科夫（联合斯洛伐克亚斯纳）、乌克兰利沃夫、挪威奥斯陆和瑞典斯德哥尔摩6个城市申办2022年冬奥会。

- 2014年1月15日，北京2022年冬奥会申办委员会成立。

- 2014年1月17日，瑞典斯德哥尔摩退出申办2022年冬奥会。

- 2014年3月12日，北京冬奥申委向国际奥委会递交申请文件《对国际奥委会调查问卷的答复》。

- 2014年5月8日，国际奥委会召开申办城市视频会议，北京冬奥申委向国际奥委会2022工作组陈述并回答提问。

- 2014年5月26日，波兰克拉科夫退出申办2022年冬奥会。

- 2014年6月30日，乌克兰利沃夫退出申办2022年冬奥会。

- 2014年7月7日，国际奥委会执委会投票决定，中国北京与挪威奥斯陆、哈萨克斯坦阿拉木图入围2022年冬奥会候选城市。

- 2014年7月24日，国际滑冰联合会派代表对短道速滑、花样滑冰、速度滑冰场馆进行考察。至11月，7个冬季项目国际单项体育联合会均完成场地规划考察和确认，并陆续提供认证书。

- 2014年8月1日，北京冬奥申委召开第一次全委会，强调要坚定信心、全力以赴、只争朝夕，力争赢得2022年冬奥会举办权。

- 2014年10月1日，挪威奥斯陆退出申办2022年冬奥会。

- 2014年12月8日至9日，国际奥委会第127次全会在摩纳哥召开，通过《奥林匹克2020议程》。北京申办冬奥会理念与之高度契合。

- 2015年1月6日，北京冬奥申委向国际奥委会递交《北京2022年冬奥会申办报告》。

- 2015年3月24日至28日，由国际奥委会委员、俄罗斯奥委会主席亚历山大·茹科夫任主席的国际奥委会评估委员会实地考察北京、延庆、张家口三个赛区。

- 2015年6月9日，北京冬奥申委代表团赴瑞士洛桑出席2022年冬奥会候选城市与国际奥委会委员陈述交流会，向委员陈述并回答提问。

- 2015年7月31日，国际奥委会第128次全会在马来西亚吉隆坡开幕，北京冬奥申委代表团向全会做最终陈述并回答提问。经全会投票，北京以44∶40胜过阿拉木图赢得2022年冬奥会举办权。

后 记

2008年，在"同一个世界、同一个梦想"的感召下，在"我家大门常打开，北京欢迎你"的歌声里，中国人圆了百年奥运梦，成就了北京奥运会的无与伦比。

2015年，北京携手张家口申办冬奥会成功，中国人的冰雪中国梦再次起航。曾几何时，冰天雪地被缺衣少食的先辈们视为畏途；而如今，时移世易，衣食富足的我们期盼着在冰雪世界里惬意滑行、激情跃动。

2016年是冬奥筹办元年，冬奥会瞬间催热了这个雪季。长城内外，大江南北，冰情雪韵在华夏大地遍地开花，让冬季变得更加激越和精彩，让人们变得更富激情与活力。完全可以想象，6年之后，3亿人的踊跃参与将使中国冰雪运动在世界冰雪运动版图中强势崛起。

我们曾从不同层面参与过奥运工作，希望为2022年冬奥会略尽绵薄之力，于是就有了编写一本冬季运动知识读物的尝试。书成之时，7月将近，我们愿将这本小书献给申办冬奥会成功一周年纪念，献给所有热爱冰雪运动的朋友们，让更多人了解冬奥、结缘冰雪。

杨澜女士、宋宇先生主持本书编写工作，易剑东教授担任主审。杨俊义、翟立超、张硕等参与撰稿，黄姝为本书绘图，中央美术学院范迪安院长为本书题写书名。中国文联出版社朱庆社长、责任编辑王柏松、美术编辑谭锴为将本书呈献给诸位读者付出了诸多辛劳。在此谨致诚挚的谢意。

当然，本书匆忙编就，不足甚至错误在所难免，祈望方家指正，以便再印时修订。本书所用部分图片，未能及时联系到版权所有人，在此致以歉意，请看到本书后与我们联系。

编 者

2016年7月13日

图书在版编目（CIP）数据

冬奥梦　冰雪情：冬季运动知识读本 / 杨澜，宋宇

主编. -- 北京：中国文联出版社，2016.7

ISBN 978-7-5190-1686-9

Ⅰ. ①冬… Ⅱ. ①杨… ②宋… Ⅲ. ①冬季奥运会—

基本知识 Ⅳ. ①G811.212

中国版本图书馆 CIP 数据核字 (2016) 第 152125 号

冬奥梦　冰雪情——冬季运动知识读本

主　　编：杨　澜　宋　宇

出 版 人：朱　庆

终 审 人：奚耀华　　　　　　　复 审 人：柴文良

责任编辑：王柏松　　　　　　　责任校对：陈永梅

封面设计：谭　锴　　　　　　　责任印制：陈　晨

出版发行：中国文联出版社

地　　址：北京市朝阳区农展馆南里 10 号，100125

电　　话：010-85923035（咨询）85923000（编务）85923020（邮购）

传　　真：010-85923000（总编室），010-85923020（发行部）

网　　址：http://www.clapnet.cn　　http://www.claplus.cn

E－mail：clap@clapnet.cn　　　wangbs@clapnet.cn

印　　刷：保定市正大印刷有限公司

装　　订：保定市正大印刷有限公司

法律顾问：北京天驰君泰律师事务所徐波律师

本书如有破损、缺页、装订错误，请与本社联系调换

开　　本：710×1000　　　　　　1/16

字　　数：214 千字　　　　　　印　张：17

版　　次：2016 年 7 月第 1 版　　印　次：2022 年 10 月第 3 次印刷

书　　号：ISBN 978-7-5190-1686-9

定　　价：58.00 元